黃寶實著

中國歷代行人考

于右任

中國歷代行人考序

一、蕭　序

外交係政治之一部，與國防互爲表裏。昔義大利之統一與土耳其之復興，均有賴於外交活動，而德意志於歐戰遭致失敗，抑以不重視外交故也。吾國古代，列賓覲於五禮，習從橫於揣摩，儀固尊隆，學亦深邃。秦漢而後，聲威加於四夷，域外無對等之國，而外交之眞義全失。自歐人東來，五口通商，主外交者，非疆吏，即廷臣，其所以達情款通語言者，則必賴通事。通事毫無學識，惟以口舌得官，當過渡之時期，竟寖假以主持外交。於是，喪權辱國之事，史不絕書。其後辦理外交者，出身雖不盡由於通事，然技術之媮拙，學識之淺陋，則略無差異。故論者謂吾國有交際而無外交，蓋壇坫上僅知周旋應酬之術，殊乏折衝樽俎之才。若夫研究各國政情，內度其勢，外料其敵，以樹立根本大計，豫籌肆應之策者，則更無論矣。自東北事變以來，我國受日俄侵略之厄，作民族興亡之爭，抗敵擇交，決機勝敗，國人始憬然知外交之重要，以研究國際關係爲亟務，而大學中遂有外交科系之設。顧新興之學，取資端賴異籍，議論恆違國情，修身之節，𡣞事之分，亦往往貌合神離。殊不知吾國古代行人之制，與夫孔門敎士之則，言詩言禮，典章昭垂，蓋歷久而常新，比之西洋專門學科，其足以啓迪後人，訓練通識者，未爲多讓焉。吾友黃新渠先生，績學士也，所著中國歷代行人考一卷，爲章五，爲節二十有六，爲文約八萬言，自行人之職掌修養待遇操守以及春秋戰國兩漢三國行人之事蹟，無不繁徵博引，源流畢貫，讀之不惟益人神智，且可以爲今時外交學之例證者，亦不一而足。如子貢一出而存魯亂齊破吳強晋伯越之事，已極盡外交家之能事。燭之武以鄰厚君薄之說說秦穆，遂退秦晋聯軍，不惟以均勢存其國，且縱間以憊其饑，誰謂弱國無外交乎？惟弱國始可借外交而抗強權，補國防之不足。觀本書所述事功彰著之行人，曷一不出於當時之弱國？其中最令人景仰者，則莫藺相如若。相如以弱趙而挫強秦，完璧全尊，其事至難，其功甚偉。葢非有愛國之熱誠，明敏之機智，寧靜之修養，犧牲之精神，不克完成使命，凡此皆外交家所必備之風格也。至於蘇秦張儀之流，以詐欺自私，持寵炫世，不特合從連横之說不可信，卽誠有之，其才智視陳軫田文輩猶有遜色，又焉能望端木賜藺相如之項背？新渠不隨流俗之見，特舉錢氏之考辨而申之，何其卓躒而閎遠耶？至是書組識之謹嚴，文辭之典雅，乃餘事耳。余喜其發絕學，闢新業，足以嘉惠士林也，因書所感以爲之序云。

民國三十九年六月蕭一山於臺灣板橋。

二、自　序

昔余見大學政治學系有外交史一科，講授拿翁戰爭維也納會議以後之歐洲外交事例，于本國史實，未稍涉及，心竊疑之。厥後大學有專設外交學系者，其取材本國史料，亦不出近百年，而古代部份，仍付闕如，心滋慊之。

余幼嗜史學，及長，寢饋廿四史中，溯閱一遍。發現行人一職，為吾國周室以來具備之官守即如晚明播越，此職亦未嘗廢。公元一六四九年，清順治六年己丑，明桂王永曆三年，瞿式耜薦王夫之于桂王為行人司行人。。而尤喜春秋左傳燭之武退秦師之辭說，縱間僡儺，保乂危邦，為流行口語弱國無外交之有力反證。遂立意為中國歷代行人之考選。

民國三十二年，于役桂林，攜國語自隨，精讀深思，多所啓發。事畢返渝，則據詩禮春秋考證行人之制度，輒歎周制之完備，有若干禮數與近代國際外交慣例若合符節者。而行人之歌永倡答，一本乎詩，乃知孔子『誦詩三百，使于四方不能顓對，雖多亦奚以為？』為濟世之談，而明詩為顓對之學。

自來治春秋者，沈迷微言，張舉大義，皆自謂得道統心傳。於是以春秋折獄，以春秋傅會受命。自純史學觀點論之，匪無徵于聖學，且失義于魯史。今考春秋經文謹嚴，除記年季月日之字外，不足萬言，而獨詳二百四十二年間朝聘盟會宴享問弔之事。自天子至諸侯之行人之行動，殆靡不著錄。左氏傳之，存其應對辭令，使邃古外交史料及每一事件之談判實錄，得以流傳。漢書藝文志謂行人權事制宜，受命而不受辭，爲其所長，葢深得春秋之意者也。史記兩漢書及三國志，頗師左氏之法，行人言辭，概予存錄；自後闕矣。是以斯考所選，先詳其人，兼敍其事，而著其所爲之辭說，起春秋迄三國得六十七人爲一篇。『所謂述故事，整齊其世傳，非所謂作也。』

民國三十九年十二月漢陽黃寶實于臺灣。

三、藍　序

皇華之詠，著于毛詩，行人之官，肇見周禮，春秋會盟，其任益重，秦漢以還，斯職尤備。良以星軺出疆，繫國榮辱，或制勝壇坫，以安社稷；或臨難不屈，聲震絕域；史乘所載，班班可考。惜今之治外交史者，取材多不出近數百年，對前代豐富遺產，怠于考索。王充云：「知今而不知古，謂之盲瞽。」究委忘原，可堪歎惋。吾友黃新渠先生，不慊于此，乃綜貫經傳，博搜諸史，譔爲「中國歷代行人考」一書，足彌斯憾。付梓以來，不僅紙貴洛陽，且更流布海外，今將再版，又增一章，珠璣盈篇，洵學林盛事。

是書體制最善，且多別裁。總論中：首述行人職掌，以昭古代外交政制之美備；次論行人修養，以明其深于詩禮之教；繼列行人待遇與保障，以章其秩崇權重；末敍行人操守，歷舉范文子守信拒賄，子叔聲伯謀國不貳，解揚有死無隕，叔孫豹臨難不忘國，以及蹶由不畏釁鼓等忠壯奇節，蔚爲中國精神。第二章以下各章，先介當代大勢或列國簡史，使讀者于時代背景，國際關係，俱瞭若指掌，然後對行人之外交活動，益有深切之體認。南北朝交聘頻繁，行人猥多，若一一敍述，將流于冗瑣，乃表列其事，以簡馭賾，極得體要。更撮南北朝行人之風格，因事命篇，分項論述，部勒亦最得宜。至杜杲八使江南，促成周陳連和攻齊，齊亡，周有天下四分之三（關隴．巴蜀．關東），以授于隋，隋乃混一域內。一介行人，關係興亡大計，專篇紀之，尤見別裁。非良史之才，甯能出此！

纂述自春秋至南北朝末之行人，都十餘萬言，實完成最難寫之一段。紀事載言，俱有史法。所用資料，皆注出處，以資徵信。博引羣書，敷陳衆事，排比貫穿，有倫有脊，足以映顯歷史眞相。文筆高雅，傳神紀實，已達醇美境界。又以熟于前史，閑于近代外交事例，闡釋史事，能近取譬，溝通古今，更與人以輕鬆親切之感。如謂：「齊魯爭汶陽之田亘百年，頗似德法二國之爭亞爾薩斯·洛林（四七頁）」；評呂相絕秦云：「絕交宣戰，爲春秋時代戰爭行爲之最合于國際公法者……而當時列國遵守盟誓履行義務之習慣，並于斯見之（六四頁）」；于燭之武以鄰厚君薄之說，拆散秦晉聯軍，則云：「孰謂均勢政策爲英國獨創之外交傳統（六八頁）」？于周陳合縱圖齊，則喩爲「宋海上盟金傾遼，求燕雲十六州地，蓋師陳宣帝（先索樊鄧）之故智也」；諸如此類，以今釋古，使人讀之，眞覺歷史酷似一條長練，牽動此端，他端亦隨動，益信「通古今」之重要，再無「前不見古人，後不見來者」之愴感矣。

譔史貴有史意，章實齋云：「鄭樵有史識而未有史學，曾鞏有史學而不具史法，劉知幾得史法而不得史意，此余文史通義所爲作也。」章氏所闡揚之史意，卽孔子所謂：「其事齊桓晉文，其文則史，其義則丘竊取之矣。」史意爲史書之靈魂，殊不可缺。新渠先生深知史意之重要，敍歷代行人之徽烈，甄隱表微，匡謬辨誤，多有別識通裁。強調行人之修養操守，以明其爲中國外交家傳統之型範。貶斥行人失詞及奉使而求貨走私，俾爲外交界之炯戒。擯縱橫捭闔之士，仗謀詐取富貴，以維行人守禮重義，講信修睦之正則（見九一頁）。昌言南北妙選行人，以示遣使不可猥濫。至謂：「秦晉爭伯，晉楚交兵，鄭以小國依違其間，君臣上下，不遑甯處，幸而不亡者，則行人之力也（六七頁）。」美燭之武之退秦師，則稱：「弱國無外交，非篤論也（六八頁）。」尤以鄭子產衞祝佗運用外交，保全宗邦，則大筆特書，以證明弱國必須有堅強而主動之外交，方能卓然自立于列強之間。此書之作，意在斯乎！意在斯乎！

綜觀此書，體例最善，紀事詳實，文字高雅，史意醇美，洵名山偉業，外交龜鑑。使于四方者，欲績學植節，制勝域外，完成使命，蜚聲國際，則不可不讀此書。作國民外交者，欲雍容禮讓，占對得宜，傾動四國，使為我助，亦不可不讀此書。主持國際會議者，欲協和萬邦，永弭禍源，不再蹈慕尼黑．雅爾達之覆轍，更不可不讀此書。此書思深義美，有用有益，篤學之士，幸留意焉。

中華民國五十七年十月藍文徵序于臺中大度山

四、再版自序

四十四年春，余患血壓高初愈，黃梅石信嘉同學以心臟病卒發逝世，設祭之日，獲晤中華書局執事江蘇姚志崇、浙江何聯奎子星兩同學，允將中國歷代行人考付之剞劂。越十有三年以再版聞，余于二君之不孳孳爲利，中心藏之。

方斯考之作始也，一日邂逅政大教授應城李鴻一同學于陪都南泉之隄坎，云既曰歷代行人，則宜上溯春秋，下迄清朝，至曾劼剛之索還伊犂，戛然而止。迨臺版問世，湖南蕭同茲從心所欲之歲，余訪武昌曹蔭穉主筆于中央日報社致壽詩，君謂余曰，行人考亦有續修乎？辭以困于二豎，血壓高，糖尿，憚于執筆。曰，勿乃太怯乎？舊遊之企望與督責，渝臺兩地，若是契合也。余不敏，今但能增設第六章，成七交聘表，止于六朝，而蔭穉已不及見之。言念君子，我心孔疚！

西晉尙清談，及南北交聘，一變而爲應接之辭辯，清遠儁永，如見其人。舊史唯遼史部族表及屬國表敍四裔種落交聘往來；金史交聘表識金與宋、夏、高麗之通好暨兵爭；抗戰中東北大學張亮采補宋金交聘表，士林重之。茲表之作，大抵采南北書史本紀所著錄，旁搜列傳，分別校補，使主使副，較諸本紀爲翔實矣。東北藍文徵孟博教授爲益孫吳張彌以下諸行人及石勒、苻堅之事，拜此嘉惠，謹志謝！又初版時，老友外交部故政務次長枝江時昭瀛作英文書評，載自由中國評論一九五五年八月號(Free China Review, August, 1955. Vol. V. No. 8, pp. 47–8.)，頗致疑于伏隆使張步（第四章第六節第一目）之行人身份。感懷盛意，允正再版。按新末天下「擾攘」當時文之Chaos，並起之雄，各據州郡，大小強弱，甚不相侔；若張步者，尚難認其具有如現代國際法上所謂「交戰團體」(Belligerent Communities) 之資格，因之伏隆之使，亦滋疑義，爰影錄書評附篇末，或者有當于解劍縣樹之意也！

中華民國五十七年四月黃寶實客臺灣之二十年

中國歷代行人考目錄

第二章　春秋時代之行人

第五章　三國時代之行人

第六章　南北朝時代之行人

中國歷代行人考

——中國古代外交事例——

第一章　總　論

第一節　何謂行人

古之所謂行人，即今之外交官。居則擯相應對，出則朝覲聘會，所以撫綏萬國，踐修盟好，要結外援以衞社稷者也。有行人而後社會組織（國家）之活動繁，人類行爲之準則（道德）著。救災恤鄰之道，賴行人以達其意，禮義忠信之用，賴行人以彰其誼。昔者子貢問於孔子，曰：『何如斯可謂之士矣？』孔子曰：『行己有恥，使於四方，不辱君命，可謂士矣。』論語子路 然則行人者，亦任重而道遠者也。

稽諸古史，書稱帝堯『協和萬邦』，美禹『萬邦咸寧』，泰誓牧誓，皆有『嗟我友邦』一語。協和之功，鳩合之績，自不無行人信使，奔走往來其間。顧載籍闕如，未敢肊說。至於成周，文物典章，燦然大備。周禮秋官有大行人小行人之職，列國亦有行人之官，是爲行人見諸史冊之始。其後漢大鴻臚屬官有行人，明朝官制有行人司。清季有總理各國事務衙門，辦理『洋務』。民國肇興而有外交部。曰行人，曰鴻臚，曰洋務，曰外交，官名雖殊，職掌猶一也。

第二節　行人之職掌

第一目　大行人

行人有大行人與小行人之別。據周禮秋官司寇大行人中大夫階所掌，有如下列：

一、掌大賓鄭注：「要服以內諸侯。」按周禮：「邦畿方千里，其外五百里謂之侯服，歲壹見，其貢祀物。又其外方五百里謂之甸服，二歲壹見，其貢嬪物。又其外方五百里謂之男服，三歲壹見，其貢器物。又其外方五百里謂之采服，四歲壹見，其貢服物。又其外方五百里謂之衛服，五歲壹見，其貢材物。又其外方五百里謂之要服，六歲壹見，其貢貨物。九州之外謂之蕃國，世壹見，以其所貴寶為贄。」之禮，及大客鄭云孤卿之儀，以親諸侯。

二、春朝諸侯而圖天下之事，秋覲以比邦國之功，夏宗以陳天下之謨，冬遇以協諸侯之慮，時會以發四方之禁，殷同以施天下之政。按周禮春官：「春見曰朝，夏見曰宗，秋見曰覲，冬見曰遇，時見曰會，殷見曰同。」

三、時聘以結諸侯之好，殷覜周禮春官：「時聘曰問，殷覜曰視。」說文：覜，「諸侯三年大相聘曰覜。」以除邦國之慝。

四、間問以諭諸侯之志，歸脤脤，社祭之生肉也。春秋穀梁傳定十四年，「脤者何也？俎實也，祭肉也，生曰脤，熟曰膰。」以交諸侯之福，賀慶以贊諸侯之喜周禮春官：「以脤膰之禮親兄弟之國，以慶賀之禮親異姓之國。」，致禬以補諸侯之烖。按若春秋左傳襄三十年十月「為宋災故，諸侯之大夫會于澶淵，謀歸宋財。」

五、以九儀辨諸侯之命鄭謂：「公侯伯子男也。」按周禮春官：「以九儀之命，正邦國之位。壹命受職，再命受服，三命受位，四命受器，五命賜則，六命賜官，七命賜國，八命作牧，九命作伯。」，等諸侯之爵鄭謂：「孤卿士大夫。」，以同邦國之禮，而待其賓客。周禮春官：「以饗燕之禮，親四方之賓客。」

六、王之所以撫邦國諸侯者：歲徧存；三歲徧覜；五歲徧省；七歲屬象胥官名詳後諭言語，協辭命；九歲屬瞽史諭書名，聽聲音；十有一歲達瑞節，同度量，成牢禮，同器數，修法則；十有二歲王巡守殷國。鄭謂：「存覜省，王使臣於諸侯之禮，所謂間問也。」

七、凡諸侯之王事謂有事于王，辨其位，正其等，協其禮，賓而見之。

八、若有大喪，則詔相入贊禮也諸侯之禮。

九、若有四方之大事，則受其幣，聽其辭。

上列二項所舉六事，以王見諸侯爲文，三項二事以王見諸侯之使臣來者爲文，四項四事爲王使臣於諸侯之禮。則大行人者掌大賓大客之禮儀，相王接見諸侯或其使臣並代表王聘問諸侯以親撫邦國之官也。

第二目　小行人

據周禮秋官司寇小行人下大夫階之掌如下：

一、掌邦國賓客之禮籍，以待四方之使者鄭云：「禮籍，名位尊卑之書。使者，諸侯之臣使來者也。」。令諸侯春入貢，秋獻功，王親受之，各以其國之籍禮之。

二、凡諸侯入王，則逆勞于畿；及郊，勞；眡館將幣，爲承而擯。出接賓也

三、凡四方之使者，大客則擯，小客則受其幣而聽其辭。

四、使適四方，協九儀賓客之禮。朝、覲、宗、遇、會、同，君之禮也；存、覜、省、聘、問，臣之禮也。

五、達天下之六節鄭注：「此謂邦國之節也。達之者，使之四方，亦皆齊法式以齊等之也。」：山國用虎節，土國用人節，澤國用龍節，皆以金爲之。道路用旌節，門關用符節，都鄙用管節，皆以竹爲之。

六、成六瑞信也：王用瑱圭，公用桓圭，侯用信圭，伯用躬圭，子用穀璧，男用蒲璧。按周禮春官：「以玉作六瑞，以等邦國。」

七、合六幣鄭謂所以享也：圭以馬，璋以皮，璧以帛，琮以錦，琥以繡，璜以黼。此六物者，以合諸侯之好故。周禮春官：「以玉作六器，以禮天地四方。以蒼璧禮天，以黃琮禮地，以青圭禮東方，以赤璋禮南方，以白琥禮西方，以玄璜禮北方，皆有牲幣，各放其器之色。」

八、若國札小也喪，則令賻補之；若國凶荒，則令賙委之；若國師役，則令槁鄭云：「槁當作犒」。襘之按若春秋定五年，夏，歸粟于蔡是。；若國有福事，則令慶賀之；若國有禍烖，則令哀弔之。凡此五物者，治其事故。按周禮春官：「以凶禮哀邦國之憂，以喪禮哀死亡，以荒禮哀凶札，以弔禮哀禍烖，以襘禮哀圍敗，以恤禮哀寇亂，以賓禮親邦國。」

九、及其萬民之利害爲一書；其禮俗、政事、教治、刑禁之逆順爲一書；其悖逆、暴亂、作慝、猶犯令者爲一書；其札喪、凶荒、厄貧爲一書；其康樂、和親、安平爲一書。凡此物者，每國辨異之，以反命于王，以周知天下之故。

據上，則小行人之職掌爲典賓客之禮籍，接賓相禮，協九儀，達六節，成六瑞，合六幣，治五事，辨五書等項。而第九項尤爲緊要。即行人之使于四方，不獨在達成君命，不辱所使，且須周知天下之故，辨異每國人民之利害、禮俗、政事、教治、刑禁之逆順，及其悖逆、暴亂、作慝、札喪、凶荒、厄貧、康樂、和親、安平之情形，分別裒集，成爲專書，以供王（侯）之斟酌。此種精密周至之調查統計業務，雖近代國家外交部之情報機構及其外派諜報人員之工作，亦不多覯。求之古人，惟鄭行人子羽（公孫揮）足以當之。按左傳襄公三十一年（公元前五四二年），十二月，北宮文子（佗）相衛襄公以如楚，過鄭，文子入聘，子羽爲行人，馮簡子與子大叔（游吉，即論語所稱之世叔。）逆客。事畢而出，言於衛侯，曰：『公孫揮能知四國之爲，而辨於其大夫之族姓、班位、貴賤、能否，而又善爲辭令。鄭國將有諸侯之事，子產（公孫僑）乃問四國之爲於子羽，而使多爲辭令，以應對賓客，是以鮮有敗事。』所謂『知四國之爲』，即『周知天下之故』，知己知彼，百戰百勝，子羽有焉。

第三目　周禮其他職官有關行人者

周之職官，大小行人而外，其關涉外交者，據秋官所載，尚有：

司盟　掌盟載之灋。（若今外交部條約司）

司儀　掌九儀之賓客，擯相之禮，以詔儀容辭令揖攘之節。（若今外交部禮賓司）

行夫　掌邦國傳遽之小事，媺惡而無禮者。凡其使也，必以旌節。雖道有難而不時，必達。居於其國，則掌行人之勞，辱事焉；使則介之。

環人　掌送逆邦國之通賓客，以路節達諸四方。

象胥　掌蠻夷閩貉戎狄之國使，掌傳王之言而諭說焉，以和親之。若以時入賓，則協其禮與其辭言傳之。凡其出入送逆之禮節、幣帛、辭令而賓相之。（若今外交部外國司）

掌客　掌四方賓客之牢禮、餼獻、飲食之等數，與其政治。（若今外交部交際科）

掌訝　掌邦國之等籍，以待賓客。若將有國賓客至，則戒官修委積，與士逆賓于疆爲前驅而入。凡賓客：諸侯有卿訝，卿有大夫訝，大夫有士訝，士皆有訝。

掌交　掌以節與幣巡邦國之諸侯，及其萬民之所聚者，道王之德意志慮，使咸知王之好惡辟行之。使和諸侯之好，達萬民之說，掌邦國之通事，而結其交好。（若今訪問團或特使）

等官職，特並錄之，以備研究周代外交政制者資取材焉。

第三節　行人之修養

行人者以周知天下之故，辨每國之民情、禮俗、政事、教治、刑禁，及其特殊動態，以應對賓客，敦睦邦交爲任者也，故行人不可以無學。周禮地官：保氏教國子以六藝六儀。六藝者：一曰五禮，二曰六樂，三曰五射，四曰五馭，五曰六書，六曰九數。六儀者：一曰祭祀之容，二曰賓客之容，三曰朝廷之容，四曰喪紀之容，五曰軍旅之容，六曰軍馬之容。以當時之禮俗政事考之，六儀之學，皆有關朝、覲、宗、遇、會、同、存、覜、省、聘、問、弔、盟、享之事，其揖讓進退之文，周旋應對之節，爲行人之所必修。孔門四科，言語居一，宰我子貢之應對，一時稱爲上選。是則言政事，周初有完備之行人官守，言教治，周代有充實之行人學科。惟時簡籍無多，六儀之學而外，傳習最徧，應用最廣，如今之百科全書或國別史，而有助於行人以周知天下之故者，則莫詩若。

第一目　行人與詩

周之士人，殆鮮不知詩。詩本人情，該物理，可以驗風俗之盛衰，見政治之得失。其言溫，其旨風。洵以古代征戰，車乘爲主，列國之間，馳道修治，傳遽迅捷。詩人者，於每國之民情、禮俗、政事、教治、刑禁、悖逆、暴亂、作慝、札喪、凶荒、厄貧、康樂、和親、安平諸事態，摭其故事，歌而永之，展轉傳誦，遂爲國風。天下之故，四國之爲，于是乎備。孔子曰：『誦詩三百，授之以政，不達；使於四方，不能專對。雖多，亦奚以爲！』論語子路 此言學而不習，習而不察者也，亦正以明詩爲達政專對之學也。行人者，達政專對而已矣。故又曰：『小子何莫學夫詩？詩可以興，可以觀，可以羣，可以怨。邇之事父，遠之事君，多識於鳥獸草木之名。』論語陽貨 又曰：『興於詩，立於禮，成於樂』論語泰伯。其語伯魚，則曰：『不學詩，無以言。』論語季氏 興，猶言也；『遠之事君』，謂學詩可以從政使於四方達君命也。然則爲行人者，可莫學夫詩乎？

詩者，志之所之也。古之人有不直言而賦詩以諭其意者。兩君相見，嘉勞賓客，盟享之際，倡酬之時，雍容揖讓，風流蘊藉。自有國際政治活動以來，熙穆文明，衣冠禮樂，未有如我國春秋時代會盟之盛也！行人相介（周禮：『諸侯會則卿大夫相禮，卿使，則大夫爲介，大夫使，士介。』），不學詩則失禮辱事，學夫詩則成禮卒命。其適用於隱對之普遍，正如維也納會議後歐洲外交官之通習法語。詩在春秋時代，幾成爲行人官話。考之左傳，其例甚夥。

一『僖公二十三年（公元前六三七年），秦穆公享晉公子重耳。（卽晉文公）子犯（狐突子狐偃，文公之舅。）曰：「吾不如衰（趙衰，趙成子，成季，字子餘。）之文也，請使衰從。」（相也）公子賦河水（韋昭曰：『河當作沔，字相誤也。其詩曰，「沔彼流水，朝宗於海。」（小雅鴻雁）言己反國，當朝事秦。』），公賦六月。趙衰曰：「重耳拜賜」！公降一級而辭焉。趙衰曰：「君稱所以佐天子者命重耳，敢不拜。」』

詩小雅彤弓之什六月六章，紀宣王北伐也。其首章曰：『六月棲棲，戎車既飭，四牡騤騤，載是常服。玁狁孔熾，我用是急，王于出征，以匡王國。』其二章之七八句『王于出征，以佐天子。』趙衰聞詩卽命重耳拜賜，是以子犯稱其文也。（按國語卷十，是享秦伯首賦采菽，卽王賜諸侯命服之樂，子餘使公子賦黍苗，言重耳之仰秦君，若黍苗之仰陰雨。秦伯又賦鳩飛。鳩飛，小雅小宛之首章曰：『宛彼鳴鳩，翰飛戾天，我心憂傷，念昔先人。明發不寐，有懷二人。』言己念晉先君洎穆姬（秦穆夫人獻公之女）不寐，以思安集晉之君臣也。然後公子賦河水，秦伯賦六月，可參考也。）

二『文公三年（公元前六二四年），冬十二月，公如晉及晉侯（襄公）盟。晉侯饗公，賦菁菁者莪，莊叔（叔孫得臣）以公降拜。曰：「小國受命于大國，敢不愼儀；君貺之以大禮，何樂如之？抑小國之樂，大國之惠也。」晉侯降，辭；登，成拜。公賦嘉樂。』

詩小雅彤弓之什菁菁者莪四章，樂育材也。其首章曰：『菁菁者莪，在彼中阿；既見君子，樂且有儀。』大雅生民之什嘉樂四章，其首章曰：『嘉樂君子，顯顯令德，宜民宜人，受祿于天，保右命之，自天申之。』晉侯以有儀之君子美文公，故文公答以嘉樂之章，頌其令德也。

三『文公十三年（公元前六一四年），鄭伯（穆公）與公宴于棐，子家（公子歸生）賦鴻雁。季文子（季孫行父）曰：「寡君未免于此」。文子賦四月。子家賦載馳之四章，文子賦采薇之四章。鄭伯拜，公答拜。』

詩小雅彤弓之什鴻雁三章，美宣王能勞來安集萬民也。其首章曰：『鴻雁于飛，肅肅其羽，之子于征，劬勞于野；爰及矜人，哀此鰥寡。』小雅小旻之什四月八章，其五章曰：『相彼泉水，載清載濁，我日構禍，曷云能穀？』故文子云：『寡君未免於此』也。又詩國風鄘載馳五章，許穆夫人作也。許穆夫人，衞懿公之妹。狄人滅衞，國人分散。夫人閔宗國之顚覆，傷許之小，力不能救，而又義不得歸唁其兄也。其四章曰：『陟彼阿丘，言采其蝱，女子懷善，亦各有行，許人尤之，衆穉且狂。』小雅鹿鳴之什采薇六章，遣戍役也。其四章曰：『彼爾維何？惟常之華。彼路斯何？君子之車。戎車既駕，四牡業業，豈敢定居，一月三捷。』子家有自傷之意，文子示赴難之心，賦詩應對，不加辭說，可謂美矣。

四『襄公八年（公元前五六五年）冬，晉范宣子（士匄，文子之子。）來聘，且拜公之辱（是年正月襄公如晉），告將用師于鄭。公享之。宣子賦摽有梅。季武子（季孫宿，行父之子。）曰：「誰敢哉！今譬如草木，寡君在君，君之臭味也。歡以承命，何時之有？」武子賦角弓。賓將出，武子賦彤弓。宣子曰：「城濮之役（公元前六三二年），我先君文公獻功于衡雍，受彤弓于襄王，以爲子孫藏。匄也，先君守嗣之官也，敢不承命。」』

詩國風召南摽有梅三章，男女及時也。其詩曰：『摽有梅，其實七兮，求我庶士，迨其吉兮。摽有梅，其實三兮，求我庶士，迨其今兮。摽有梅，頃筐塈之，求我庶士，迨其謂之。』小雅桑扈之什角弓八章，刺幽王不親九族，骨肉相怨也。其首三章曰：『騂騂角弓，翩其反矣，兄弟昏姻，無胥遠矣。爾之遠矣，民胥然矣，爾之敎矣，民胥傚矣。此令兄弟，綽綽有裕，不令兄弟，交相爲瘉。』宣子之賦，有求士於魯以共伐鄭之意，而武子角弓之答，既美晉魯之親如令兄弟，且並風其彌縫補缺，勿遽構怨於鄭也。

五『襄公十四年公元前五五九年，夏，諸侯之大夫從晉侯悼公以伐秦，以報櫟之役事在襄十一年。秦庶長鮑，庶長武敗晉士魴(㕞夌)于櫟。晉侯待于竟，使六卿趙氏范氏欒氏荀氏魏氏韓氏帥諸侯之師以進。及涇，不濟。叔向羊舌職之子羊舌肸見叔孫穆子叔孫豹穆叔，穆子賦匏有苦葉，叔向退而具舟。』

詩國風邶匏有苦業四章。其首章曰：『匏有苦葉，濟有深涉，深則厲，淺則揭。』言必濟也。案厲或作濿。楚辭九歎離世：「櫂舟杭以橫濿兮。」註：「濿，渡也。」

按國語魯下：

『諸侯伐秦，及涇，莫濟。晉叔向見叔孫穆子曰：「諸侯謂秦不恭而討之，及涇而止，於秦何益？」穆子曰：「豹之業及匏有苦葉矣，不知其他。」叔向退。召舟虞與司馬，曰：「夫苦匏不材於人，共濟而已。魯叔孫賦匏有苦葉，必將濟矣。具舟除隧，不共有法。」』

可與左傳參證。

六『襄公十六年公元前五五七年，冬，穆叔如晉聘，且言齊故齊伐魯北鄙圍郕。晉人曰：「以寡君之未禘祀按晉悼公卒於魯襄公十五年冬，是年春方葬。，與民之未息；不然，不敢忘。」穆叔曰：「以齊人之朝夕釋憾於敝邑之地，是以大請。

敝邑之急，朝不及夕，引領西望。曰，庶幾乎？比執事之間，恐無及也！」見中行獻子（荀偃字伯游），賦祈父。獻子曰：「偃知罪矣，敢不從執事以同恤社稷，而使魯及此！」見范宣子，賦鴻雁之卒章。宣子曰：「匄在此，敢使魯無鳩乎？」』

詩小雅祈父之什祈父三章。其詩曰：『祈父予王之爪牙；胡轉予于恤，靡所止居！』鴻雁卒章之詩曰：『鴻雁于飛，哀鳴嗷嗷；維此哲人，謂我劬勞，維彼愚人，謂我宣驕。』穆叔作嗷嗷之哀鳴，故獻子宣子毅然予以保證也。

七『襄公十九年（公元前五五四年），春，季孫宿如晉拜師。晉侯（平公）享之。范宣子爲政，賦黍苗。季武子興，再拜稽首。曰：「小國之仰大國也，如百穀之仰膏雨焉。若常膏之，其天下輯睦，豈惟敝邑。」賦六月。』

詩小雅都人士之什黍苗五章，刺幽王不能膏潤天下，卿士不能行召伯之職。其首章曰：『芃芃黍苗，陰雨膏之，悠悠南行，召伯勞之。』宣子始執晉政，自謙未能行職，武子是以有百穀仰膏雨之對，而以佐天子者期宣子也。

八『襄公十九年，冬，齊及晉平，盟于大隧。叔孫豹會晉士匄于柯。穆叔見叔向，賦載馳之四章。叔向曰：「肸不敢承命！」』

九『襄公二十年（公元前五五三年），冬，季武子如宋，報向戌之聘（事在襄公十五年）。褚師段（子石）逆之以受享，賦常棣之七章以卒，宋人重賄之。』

詩小雅鹿鳴之什常棣八章，燕兄弟也。其七章曰：『妻子好合，如鼓瑟琴；兄弟既翕，和樂且湛。』

十『襄公二十六年（公元前五四七年），六月，會于澶淵以討衛（甯喜之難）。晉人執甯喜（悼子）及衛侯（獻公）囚之。秋，七月齊侯（景公）鄭伯（簡公）為衛侯故，如晉。晉侯（平公）兼享之。晉侯賦嘉樂。國景子（國佐之孫國弱子）相齊侯，賦蓼蕭。子展（子罕子公孫舍之）相鄭伯，賦緇衣。叔向（亦相晉侯）命晉侯拜二君。曰：「寡君敢拜齊侯之安我先君宗祧也；敢拜鄭君之不貳也。」國子使晏平仲（嬰）私於叔向。曰：「晉君宣其明德于諸侯，恤其患而補其闕，正其違而治其煩，所以為盟主也。今為臣執君，若之何？」叔向以告趙文子（趙武趙孟），文子以告晉侯。晉侯言衛侯之罪，使叔向告二君。國子賦轡之柔矣，子展賦將仲子兮。晉侯乃許歸衛侯。

詩小雅白華之什蓼蕭四章，澤及四海也。其詩曰：『蓼彼蕭斯，零露湑兮，既見君子，我心寫兮，笑語燕兮，是以有譽處兮。蓼彼蕭斯，零露瀼瀼，既見君子，為龍為光，其德不爽，壽考不忘。蓼彼蕭斯，零露泥泥，既見君子，孔燕豈弟，宜兄宜弟，令德壽豈。蓼彼蕭斯，零露濃濃，既見君子，鞗革忡忡，和鸞雝雝，萬福攸同。』國風鄭緇衣三章，美鄭武公莊公父子善善之功也（按鄭武公莊公相繼為平王司徒）。其首章曰：『緇衣之宜兮，敝予又改為兮，適子之館兮，還予受子之粲兮。』又鄭風將仲子兮三章，其首章曰：『將仲子兮，無踰我里，無折我樹杞。豈敢愛之？畏我父母。仲可懷也；父母之言，亦可畏也。』二章曰：『諸兄之言，亦可畏也。』卒章曰：『人之多言，亦可畏也。』三詩言豈弟君子，宜兄宜弟之道，澤及四海，世濟其功之美。

按左傳僖公二十八年，晉楚城濮之戰，晉文公許復曹衛晉同姓兄弟之國以間楚。其年冬，河陽之會，遂復之左傳：晉侯有疾，曹伯（共公）之豎侯獳，貨筮史。使曰，『以曹為解。齊桓公為會而封異姓，今君為會而滅同姓。曹叔振鐸，文之昭也，先君唐叔、武之穆也。且合諸侯而滅兄弟，非禮也；與衛偕命，而不與偕復，非信也；同罪異罰，非刑也。禮以行義，信以守禮，刑以正邪。舍此三者，君將若之何？』公說，復曹伯。，齊鄭二君，既如晉為衛侯請，故動之以同姓之好，要之以先君之德。叔向於晉最為博洽按左傳襄二十七年：宋之會，宋平公兼享晉楚之大夫，趙孟為客，楚子木（屈建）與之言，弗能對。使叔向侍言焉，子木亦不能對也。七月，乙酉，盟于蒙門，子木魏楚康王曰，『宜晉之伯也，有叔向以佐其卿，楚無以當之。』又昭五年，叔向如楚，楚靈王欲敖叔向以其所不知，而不能。，諭二君之風旨，遂許歸衛侯。是不獨以詩諍，亦以詩代辭說與文書而達成其任務。詩之於外交，其用大哉！

十一『襄公二十七年公元前五四六年，秋，鄭伯簡公享趙孟于垂隴按即向戌弭兵之會，子展、伯有即行人良霄，公孫輒子也。、子西公孫夏，子駟之子。、子產、子大叔、二子石印段及公孫段二人俱字子石從。趙孟曰：「七子從君，以寵武也；請皆賦，以卒君貺，武亦以觀七子之志。」子展賦草蟲。趙孟曰：「善哉！民之主也。抑武也不足以當之。」伯有賦鶉之奔奔。趙孟曰：「牀第之言不踰閾，況在野乎？非使人之所得聞也！」子西賦黍苗之四章。趙孟曰：「寡君在，武何能焉。」子產賦隰桑。趙孟曰：「武請受其卒章」。子大叔賦野有蔓草。趙孟曰：「吾子之惠也」。印段賦蟋蟀。趙孟曰：「善哉！保家之主也，吾有望焉！」公孫段賦桑扈。趙孟曰：「彼交匪敖，福將焉往！若保是言也，欲辭福祿得乎？」』

詩國風召南草蟲三章，大夫妻能以禮自防也。其首章曰：『喓喓草蟲，趯趯阜螽，未見君子，憂心忡忡。亦既見止，亦既覯止，我心則降。』國風鄘鶉之奔奔二章，刺衛宣姜也。其詩曰：『鶉之奔奔，鵲之彊彊，人之無良，我以為兄。鵲之彊彊，鶉之奔奔，人之無良，我以為君。』黍苗之四章曰：

『肅肅謝功，召伯營之，烈烈征師，召伯成之。』小雅都人士之什隰桑四章，思見君子盡心以事之也。其首章曰：『隰桑有阿，其葉有難；既見君子，其樂如何！』卒章曰：『心乎愛矣，遐不畏矣，中心藏之，何日忘之。』國風齊野有蔓草二章，思遇時也。其首章曰：『野有蔓草，零露漙兮，有美一人，清揚婉兮。邂逅相遇，適我願兮。』國風唐蟋蟀三章，刺儉不中禮也。其首章曰：『蟋蟀在堂，歲聿其莫，今我不樂，日月其除。無已大康，職思其居，好樂無荒，良士瞿瞿。』小雅桑扈之什桑扈四章，刺幽王君臣上下動無禮文也。其首章曰：『交交桑扈，有鶯其羽，君子樂胥，受天之祜。』卒章曰：『兕觥其觩，旨酒思柔，彼交匪敖，萬福來求。』

趙孟觀志於七子之賦，聞詩而知其旨趣，非專學於詩，何能嫻習乃爾？七子中伯有之賦最爲失態。蓋公誣其君，宣之于野。卒享，文子告叔向。曰：『伯有將爲戮矣。詩以言志；志誣其上，而公怨之以爲賓榮，其能久乎？幸而後亡。』及襄三十年，鄭人遂殺良霄。孔子曰：『詩可以觀』，信夫！

十二『襄二十七年，楚薳罷（子蕩）如晉涖盟，晉侯（平公）享之。將出，賦既醉。叔向曰：「薳氏之有後于楚國也，宜哉！承君命不忘敏。」』

詩大雅生民之什既醉八章，頌大平也。其首章曰：『既醉以酒，既飽以德，君子萬年，介爾景福。』是以叔向稱其敏對也。

十三『昭公元年（公元前五四一年），正月，會於虢。楚令尹公子圍（即楚靈王）享趙孟，賦大明之首章。趙孟賦小宛之二章。』

詩大雅文王之什大明八章，其首章曰：『明明在下，赫赫在上，天難忱斯，不易維王；天位殷適，使不挾四方。』小雅小旻之什小宛六章，其二章曰：『人之齊聖，飲酒溫克，彼昏不知，壹醉日富，各敬爾儀，天命不又。』其末二句曰：『戰戰兢兢，如履薄冰。』大明一詩，言文王有明德，天復命武王。故事畢，趙孟語叔向曰：『令尹自以爲王矣』，是以有小宛之風也。詩言志，良霄、子圍皆有無君之心者也。按公子圍以是年冬十一月己酉，弒楚子麇。

十四『昭公元年，四月，晉趙孟、魯叔孫豹、曹大夫入于鄭，鄭伯簡公兼享之，趙孟爲客。穆叔賦鵲巢。趙孟曰：「武不堪也」。又賦采蘩。曰：「小國爲蘩，大國省穡而用之，其何實非命。」子皮罕虎子展子也賦野有死麕之卒章。趙孟賦常棣。且曰：「吾兄弟比以安，尨也可使無吠。」穆叔、子皮、及曹大夫興，拜，舉兕爵。曰：「小國賴子，知免於戾矣。」』

詩國風召南鵲巢三章，積行累功，以致爵位也。其首章曰：『維鵲有巢，維鳩居之，之子于歸，百兩御之。』召南采蘩三章，譽不失職也。首章曰：『于以采蘩，于沼于沚，于以用之，公侯之事。』召南野有死麕三章，惡無禮也。其卒章曰：『舒而脫脫兮，無感我帨兮，無使尨也吠。』常棣之首章曰：『常棣之華，鄂不韡韡，凡今之人，莫如兄弟。』和樂之風，謙沖之懷，皆於賦詩中見之。

十五『昭公二年公元前五四〇年，春，晉侯平公使韓宣子起聘，且告爲政而來見宣子繼趙文子執政。公享之。季武子賦緜之卒章，韓子賦角弓。季武子拜。曰：「敢拜子之彌縫敝邑，寡君有望焉。」武子賦節之卒章。既享，宴於季氏。有嘉樹焉，宣子譽之。武子曰：「宿敢不封殖此樹，以無忘角弓。」遂賦甘棠。』

詩大雅文王之什緜九章，緜緜瓜瓞，言文王之興由大王也。其卒章曰：『虞芮質厥成，文王蹶厥生。予曰有疏附，予曰有先後，予曰有奔奏，予曰有禦侮。』以譽宣子之能繼文子而庇蔭魯國也。國風召南甘棠三章，美召伯之教化也。其首章曰：『蔽芾甘棠，勿翦勿伐，召伯所茇。』故宣子對曰：『起不堪也。』

十六『昭公二年，春，晉韓宣子自魯如齊，自齊聘于衞，衞侯襄公享之。北宮文子賦淇奧，宣子賦木瓜。』

詩國風衞淇奧三章。其首章曰：『瞻彼淇奧，綠竹猗猗，有匪君子，如切如磋，如琢如磨。瑟兮僩兮，赫兮咺兮，有匪君子，終不可諼兮！』衞風木瓜三章。其詩曰：『投我以木瓜，報之以瓊琚，匪報也，永以爲好也。』君子之交，遂成永好矣。

十七『昭公三年公元前五三九年，十月，鄭伯簡公如楚，子產相。楚子靈王享之，賦吉日。子產乃具田備，王以田江南之夢。』

詩小雅彤弓之什吉日四章，紀宣王田也。其首章曰：『吉日維戊，既伯既禱，田車既好，四牡孔阜；升彼大阜，從其羣醜。』楚子賦吉日以示欲田，子產遂具田畋也備。猶穆叔之賦匏有苦葉，叔向退而具舟也。

十八『昭公十六年（公元前五二六年），三月，晉韓起聘于鄭。夏，四月，鄭六卿餞宣子於郊。宣子曰：「二三君子請皆賦，起亦以知鄭志。」子齹（嬰齊孺子子皮之子）賦野有蔓草。宣子曰：「孺子善哉，予有望矣。」子產賦鄭之羔裘。宣子曰：「起不堪也」。子大叔賦褰裳。宣子曰：「起在此，敢勤子至於他人乎？」子大叔拜。宣子曰：「善哉，子之言是。不有是事，其能終乎？」子游（駟偃）賦風雨，子旗（豐施）賦有女同車，子柳（印癸，印段之子。）賦蘀兮。宣子喜。曰：「鄭其庶乎！」二三君子，以君命貺起，賦不出鄭志，皆昵燕好也。二三君子數世之主也，可以無懼矣。』

詩國風鄭羔裘三章，稱古之君子以風朝士也。其首章曰：『羔裘如濡，洵直且侯，彼其之子，舍命不渝。』二章曰：『羔裘豹飾，孔武有力，彼其之子，邦之司直。』鄭風褰裳二章，思見正也。其詩曰：『子惠思我，褰裳涉溱；子不我思，豈無他人？狂童之狂也且！』鄭風風雨三章，思君子也。其首章曰：『風雨淒淒，雞鳴喈喈，既見君子，云胡不夷！』卒章曰：『風雨如晦，雞鳴不已，既見君子，云胡不喜！』鄭風有女同車二章，刺公子忽不昏於齊，無大國之助，至於見逐。其詩曰：『有女同車，顏如舜華；將翱將翔，佩玉瓊琚，彼美孟姜，洵美且都！』鄭風蘀兮二章，刺公子忽君弱臣強，不倡而和也。其詩曰：『蘀兮蘀兮，風其吹女，叔兮伯兮，倡予和女。』

上詩野有蔓草而外，皆鄭風也，故宣子云以知鄭志。斯餞也，肅雝典麗，不讓襄二十七年趙孟與七子之會。

十九『昭公十七年（公元前五二五年），春，小邾穆公來朝，公與之燕。季平子（季孫意如）賦采菽，穆公賦菁菁者我。

詩小雅桑扈之什采菽五章，刺幽王不能以禮數徵會諸侯也。其首章曰：『采菽采菽，筐之筥之；君子來朝，何錫予之？雖無予之，路車乘馬。又何予之？玄袞及黼。』季平子以君子來朝美小邾穆公，穆公以樂見君子頌魯侯。故叔孫婼昭子有『不有以國其能久乎？』之歎也。

以上所舉，爲春秋時代聘會宴享之時以詩言志，以詩禮賓客，以詩達使命之顯例。至若吳季子之觀樂，聞絃歌而知雅意，尤足以明詩爲行人相介之專學，及其在外交上之效用。春秋左傳：

『襄公二十九年公元前五四四年，秋，吳子使公子季札來聘，說叔孫穆子。請觀於周樂。使工爲之歌周南召南。曰：「美哉！始基之矣。猶未也；然勤而不怨矣。」爲之歌邶、鄘、衛。曰：「美哉淵乎！憂而不困者也。吾聞衛康叔武公之德如是；是，其衛風乎？」爲之歌王。曰：「美哉！思而不懼，其周之東乎？」爲之歌鄭。曰：「其細已甚，民弗堪也，是其先亡乎？」爲之歌齊。曰：「美哉！泱泱乎大風也哉！表東海者，其大公乎？國未可量也。」爲之歌豳。曰：「美哉蕩乎！樂而不淫，其周公之東乎？」爲之歌秦。曰：「此之謂夏聲。夫能夏則大；大之至也，其周之舊乎？」爲之歌魏。曰：「美哉渢渢乎！大而婉，險而易，所以輔德，此則明主也。」爲之歌唐。曰：「思深哉！其有陶唐氏之遺民乎？不然，何憂之遠也！非令德之後，誰能若是？」爲之歌陳。曰：「國無主，其能久乎？」自鄶以下無譏焉。爲之歌小雅。曰：「美哉！思而不貳，怨而不言，其周德之衰乎？猶有先王之遺民焉！」爲之歌大雅。曰：「廣哉熙熙乎！曲而有直體，其文王之德乎？」爲之歌頌。曰：「至矣哉！」直而不倨，曲而不屈，邇而不偪，遠而不攜，遷而不淫，復而不厭，哀而不愁，樂而不荒，用而不匱，廣而不宣，施而不費，取而不貪，處而不底，行而不流。五聲和，八風平，節有度，守有序，盛德之所同也。」

按吳季札之聘列國，實具有近代外交特使或專使之身份，爲吳通中原後一大事。其使諸侯，於晉說叔向，於鄭說子產，於魯說叔孫穆子，皆一時之良也。其日觀樂，實則聆詩，亦猶穆叔如晉，晉侯爲之金奏肆夏，歌文王鹿鳴（見後）。蓋詩，『誦其言謂之詩，詠其聲謂之歌』（漢書藝文志），故樂者以詩入譜者也。顧季子觀光上國，習禮樂文教，以開通吳越文明，故並及之。『周禮在魯』（韓宣子語），不其然乎？

第二目　行人與禮

吾國夙稱禮義之邦，六藝以五禮爲首，六儀具相介之容，禮之義旨及其節文備矣。曲禮云：『道德仁義，非禮不成；敎訓正俗，非禮不備；分爭辨訟，非禮不決；君臣上下父子兄弟，非禮不定；宦學事師，非禮不親；班朝治軍涖官行法，非禮威嚴不行；禱祠祭祀，供給鬼神，非禮不誠不莊。』又曰：『夫禮者，所以定親疏，決嫌疑，別同異，明是非者也。』國語，內史過告襄王：『長衆使民之道，非精不和，非忠不立，非禮不順，非信不行。』內史興曰：『禮，所以觀忠信仁義也。』孔子之稱君子：『義以爲質，禮以行之，孫以出之，信以成之，君子哉！』（論語衛靈公）其語伯魚，則曰：『不學禮，無以立。』（論語季氏）故修身立己之節，經國序民之道，周旋進退之儀，皆　也。周禮秋官大行人：

『凡諸侯之邦交，歲相問也，殷相聘也，世相朝也。』正所以習禮考義，正刑一德。其親親之分，尊賢之等，名位之數，則行人掌之。所謂掌禮籍，協九儀，辨命等爵，以同邦國之禮也。左傳莊十八年（公元前六七六年），春，虢公晉侯（獻公）朝王（惠王），王饗醴，命之宥，皆賜玉五瑴，馬三匹。左氏記曰：『非禮也。王命諸侯，名位不同，禮亦異數。不以禮假人！』楚椒舉（即伍舉）語楚靈王曰：『諸侯無歸，禮以爲歸。』（左傳昭四年）履禮不踰，守禮勿失，行人之任也。嘉有禮，討無禮，春秋之義也。其例如後：

一左傳『僖公十二年（公元前六四八年），冬，齊侯（桓公）使管夷吾（仲）平戎于王。王（襄王）以上卿之禮饗管仲。管仲辭。曰：「臣賤有司也，有天子之二守國高（二氏命卿）在。若節春秋，來承王命，何以禮焉？陪臣敢辭。」王曰：「舅氏，余嘉乃勳，應乃懿德，謂督不忘，往踐乃職，無逆朕命！」管仲受下卿之禮而還。君子曰：「管仲之世祀也，宜哉！讓不忘其上。詩曰，豈弟君子，神所勞矣。」』

二『僖公三十三年（公元前六二七年），春，齊國莊子（歸父）來聘，自郊勞至於贈賄，禮成而加之以敏。臧文仲（臧孫辰）言于公曰：「國子爲政，齊猶有禮，君其朝焉。服於有禮，社稷之衞也。」』

三『文公四年（公元前六二三年），秋，衞甯武子（俞）來聘。公與之宴，爲賦湛露及彤弓，不辭，又不答賦。使行人私（扣也）焉。對曰：「臣以爲肄業及之也。昔諸侯朝正於王，王宴樂之，於是乎賦湛露，則天子當陽，諸侯用命也。諸侯敵王所愾而獻其功，王于是賜之彤弓一，彤矢百，玈弓矢千，以覺報宴。今陪臣來繼舊好，君辱貺之，其敢干大禮以自取戾！」』

詩小雅白華之什湛露四章，天子燕諸侯也。彤弓三章，天子錫宥功諸侯也。

按僖二十八年（公元前六三二年），夏，四月，己巳，晉侯（文公）敗楚師於城濮。五月，癸丑，盟于踐土。丙午，盟于衡雍。丁未，晉侯，獻楚俘于王（襄王）。己酉，王享醴，命晉侯宥。王命尹氏及王子虎，內史叔興父命晉侯爲侯伯（九命作伯），賜之大輅之服，戎輅之服，彤弓一，彤矢百，玈弓矢千，秬鬯一卣，虎賁三百人。曰：『王命叔父，敬服王命，以綏四國，糾逖王慝。』晉侯三辭，從命。曰：『重耳敢再拜稽首，奉揚天子之丕顯休命。』受策以出，出入三覲。此彤弓錫予之可得而考者。魯侯以命甯武子，武子是以不辭不答，蓋不敢居也。

四『文公十五年（公元前六一二年），三月，宋華耦（官司馬）來盟。公與之宴，辭。曰：「君之先臣督得罪于宋殤公，名在諸侯之策。臣承其祀，其敢辱君，請承命于亞旅。」魯人以爲敏。』

五『成公二年（公元前五九〇年），冬，晉侯（景公）使鞏朔（士莊伯）獻齊捷（鞌之戰）于周，王（定王）弗見，使單襄公（單子朝）辭焉。曰：「蠻夷戎狄，不式王命，淫湎毀常，王命伐之，則有獻捷；王親受而勞之，所以懲不敬勸有功也。兄弟甥舅，侵敗王略，王命伐之，告事而已，不獻其功，所以敬親暱禁淫慝也。今叔父克遂有功於齊，而不使命卿鎭撫王室，所使來撫余一人，而鞏伯實來；未有職司於王室，又奸先王之禮。余雖欲於鞏伯，其敢廢舊典，以忝叔父？夫齊，甥舅之國也，而大師之後也，寧不亦淫縱其欲，以怒叔父，抑豈不可諫誨？」士莊伯不能對。王使委于三吏，禮之如侯伯克敵使大夫告慶之禮，降于卿禮一等。王以鞏伯宴，而私賄之。使相告之：曰：「非禮也，勿籍。」』

六『成公十二年（公元前五八〇年），秋，晉郤至（溫季）如楚聘，且涖盟。楚子（共王）享之，子反（公子側）相，爲地室而縣焉，郤至將登，金奏作於下。驚而走，出。子反曰：「日云暮矣，寡君須矣，吾子其入也。」曰：「君不忘先君之好，施及下臣，貺之以大禮，重之以備樂，如天之福，兩君相見，何以代此？下臣不敢！」子反曰：「如天之福，兩君相見，無亦唯是一矢以相加遺，焉用樂？寡君須矣，吾子其入也！」賓曰：「若讓之以一矢，禍之大者，其何福之爲！世之治也，諸侯間于天子之事，則相朝也。于是乎有享宴之禮。享以訓共儉，宴以示慈惠。共儉以行禮，而慈惠以布政；政以禮成，民是以息。百官承事，朝而不夕，此公侯之所以扞城其民也。」故詩曰：「赳赳武夫。公侯干城。」及其亂也；諸侯貪冒，侵欲不忌，爭尋常以盡其民，略其武夫，以爲己腹心爪牙。故詩曰：「赳赳武夫，公侯腹心。」天下有道，則公侯能爲民干城，而制其腹心。亂則反之。今吾子之言，亂之道也，不可以爲法。然吾子主也，至敢不從！」遂入，卒事。』

六『成公十三年（公元前五七九年），春，晉侯（厲公）使郤錡（駒伯，郤克之子。）來乞師，將事不敬。孟獻子（仲孫蔑）曰：「郤氏其亡乎！」禮，身之幹也；敬，身之基也。郤子無基。且先君之嗣也，受命以求師，將社稷是衞；而惰，棄君命也。不亡何爲？』（按國語：「晉厲公七年（魯成十七年）殺三郤（錡犨至）而尸諸朝，納其室以分婦人。」距錡聘魯四年耳。）

七『襄公四年（公元前五六九年），夏，穆叔如晉，報知武子（荀罃）之聘也。晉侯（悼公）享之。金奏肆夏之三，（禮記郊特牲：「賓入大門，而奏肆夏，示易以敬也。」）不拜；工歌文王之三，不拜；歌鹿鳴之三，三拜。韓獻子（厥）使行人子員問之（國語作：「晉侯使行人問焉。」）。曰：「子以君命，辱於敝邑，先君之禮，藉之以樂以辱吾子；吾子舍其大而重拜其細，敢問何禮也？」對曰：「三夏，天子所以享諸侯也（韋昭云：「肆夏一名樊，韶夏，一名遏，納夏，一名渠，此三夏曲也。」），使臣弗敢與聞。文王，兩君相見之樂也，臣不敢及。鹿鳴，君所以嘉寡君也，敢不拜嘉！四牡，君所以勞使臣也，敢不重拜。皇皇者華，君教使臣曰，必咨於周。臣聞之，訪問於善為咨，咨親為詢，咨禮為度，咨事為諏，咨難為謀。臣獲五善，敢不重拜！」』（參考國語魯下）

八『襄公七年（公元前五六六年），冬，衛孫文子（林父）來聘，且拜武子（季孫宿）之言（是年秋事），而尋孫桓子（季孫斯）之盟。公登，亦登。叔孫穆子相，趨進。曰：「諸侯之會，寡君未嘗後衛君。今吾子不後寡君，寡君未知所過。吾子其少安！」孫子無辭，亦無悛容。』

九『襄公二十七年（公元前五四六年），春，齊侯（景公）使慶封（季子家）來聘。其車美。叔孫與慶封食，不敬。為賦相鼠，亦不知也。次年冬，慶封來奔。叔孫穆子食慶封，使工為之賦茅鴟，亦不知。』

按詩國風鄘相鼠三章，刺無禮也。

十『昭公二年，夏，叔弓（叔弓敬子子叔子）聘于晉，報宣子（韓起）之聘也（是年春事）。晉侯（平公）使郊勞。辭曰：「寡君使弓來繼舊好，固曰女無敢為賓。徹命於執事，敝邑弘矣，敢辱郊使，請辭。」致館。辭曰：「寡君命下臣來繼舊好，好合使成，臣之祿也，敢辱大館。」叔向曰：「子叔子知禮哉。」吾聞之曰，忠信，禮之器也；卑讓，禮之宗也。辭不忘國，忠信也；先國後己，卑讓也。詩曰，「敬慎威儀，以近有德。」夫子近德矣。』

十一『昭公三年，夏，四月，鄭伯（簡公）如晉，公孫段相。甚敬而卑，禮無違者。晉侯嘉焉，授之以策。曰：「子豐有勞于晉國，余聞而弗忘，賜女州田，以作乃舊勳。」伯石再拜，稽首，受策以出。』

『君子曰：「禮，其人之急也乎！伯石之汰也，一爲禮於晉，猶荷其祿，況以禮終始乎？」』

十二『昭公六年（公元前五三六年），夏，季孫宿如晉，拜莒田也。晉侯（平公）享之，有加籩。武子退，使行人告。曰：「小國之事大國也，苟免於討，不敢求貺。得貺，不過三獻。今豆有加，下臣弗堪，無乃戾也？」韓宣子曰：「寡君以爲驩也」。對曰：「寡君猶未敢；況下臣，君之隸也，敢聞加貺！」固請撤加而後卒事。晉人以爲知禮，重其好貨。』

十三『昭公十一年（公元前五三一年），秋，單子（襄公）會韓宣子于戚，視下言徐。叔向曰：「單子其將死乎？」朝有著定，會有表，衣有襘，帶有結。朝會之言，必聞于表著之位，所以昭事序也。視不過結襘之中，所以道容貌也。言以命之，容貌以明之，失則有闕。今單子爲王官伯而命事于會，視不登帶，言不過步，貌不道容，而言不昭矣。不道不共，不昭不從，無守氣矣。』

十四『昭公十二年（公元前五三〇年），夏，宋華定（華費遂）來聘，通嗣君也（宋元公始卽位）。公享之。爲賦蓼蕭，弗知，又不答賦。昭子（叔孫婼）曰：「必亡。宴語之不懷，寵光之不宣，令德之不知，同福之不享，將何以在！」』

十五『定公十五年（公元前四九五年），春，邾隱公來朝，子貢（端木賜）觀焉。邾子執玉高，其容仰，公受玉卑，其容俯。子貢曰：「以禮觀之，二君者，皆有死亡焉。夫禮死生存亡之體也。將左右周旋進退俯仰于是取之，朝祀喪戎于是觀之。今正月相朝，而皆不度，心已亡矣。嘉事不體，何以成久？高仰，驕也；卑俯，替也。驕近亂，替近疾。君爲主，其先亡乎？』

以上諸侯朝聘行人往來之事例，其間有禮則安，失禮則僨，如響斯應。按禮記聘義：『天子制，諸侯比年小聘，三年大聘（王制：「諸侯之于天子也，比年一小聘，三年一大聘，五年一朝。」），相厲以禮。使者聘而誤，主君弗親饗也，所以媿厲之也。諸侯相厲以禮，則外不相侵，內不相陵。此天子之所以養諸侯，兵不用而諸侯自爲正之具也。』

故曰：『朝覲之禮，所以明君臣之義也；聘問之禮，所以使諸侯相尊敬也。』（禮記經解）昔者言偃（子游）問於孔子曰：『如此乎禮之急也？』孔子曰：『夫禮，先王以承天之道，以制人之情。故失之者死，得之者生。詩曰：「相鼠有體，人而無禮？人而無禮，胡不遄死！」（詩相鼠）是故禮必本於天，殽於地，列於鬼神，達於喪祭射御昏冠朝聘。故聖人以禮示之，天下國家可得而正也。』（禮記禮運）故行人不可不學禮。

第四節　行人之待遇與保障

第一目　行人之待遇

周之制法，以禮治天下，以朝聘養諸侯。各國皆『列樹以表道，立鄙食以守路，國有郊牧，疆有寓望。』（國語周中）行旅商賈之出於其塗者，得以識道路，資飲食，放馬寄寓，無虞匱乏。其於行人接待有等，送逆有儀。周禮司徒，司關：『凡四方之賓客敂（音叩謁也）關，司關則爲之告。』『君使士逆於境，大夫郊勞，君親拜迎於大門之內而廟受，北面拜貺，拜君命之辱。』（禮記聘義）國語：襄王使大宰文公及內史興賜晉文公命，上卿逆於竟，晉侯郊勞，館諸宗廟，饋九牢，設庭燎。左傳成十三年，三月，公如京師。宣伯（叔孫僑如）欲賜，請先使，王（簡王）以行人之禮禮焉。孟獻子從，王以為介而重賄之。此諸侯接天子使及天子待諸侯使之禮數也。

按國語，單襄公告定王曰：

『周之秩官有之，曰：「敵（匹等也）國賓至，關尹以告，行理以節逆之。候人為導，卿出郊勞。門尹除門，宗祝執祀，司里授館，司徒具徒，司空視塗，司寇詰姦，虞人入材，甸人積薪，火師監燎，水師監濯，膳宰致饔，廩人獻餼，司馬陳芻，工人展車，（韋昭云省客車補傷敗）百官以物至，賓入如歸。是以小大（賓客相介也）莫不懷愛。其貴國之賓至，則以班加一等，益虔。至於王吏，則皆官正（長也）涖事，上卿監之。若王巡守，則君親監之。」』（周語中）

薳啓彊告楚靈王曰：

『聖王務行禮，不求恥人。朝聘有珪，享覜有璋，小有述職，大有巡功。設机而不倚，爵盈而不飲。宴有好貨，飧有陪鼎。入有郊勞，出有贈賄，禮之至也。』（左傳襄五年）

讀單子薳子之言，凡主國之於賓客，節逆郊勞，除門授館，清道詰姦，致饔獻餼，積薪監濯，陳芻展車。蓋舉行人食住行之供給，及其身體自由之保護，綢繆備禮。此眞所謂講信修睦，大同之治。以視今日優禮國賓，招待使節之國際禮儀，其平時之施設，莅事之恭敬，皆有過之。緬懷郅治，郁郁乎文！

第二目　行人之治外權

周禮秋官司寇有訝士之官，其職

『掌四方之獄訟，諭罪刑于邦國。……邦有賓客，則與行人送逆之。入於國，則爲之前驅而辟，野亦如之。居館則帥其屬而爲之蹕，誅戮暴客者。客出入則道之。』

有脩閭氏：

『掌禁徑踰者，與以兵革趨行者，與馳騁於國中者。惟執節者不幾稽也。』

環人：

『掌通賓客，門關無幾，送逆及疆。』

是則行人之使於四方，入於敵國之竟，有訝士爲之蹕，誅戮暴客，以備非常；可以兵革趨行，可以馳騁國中，脩閭不能禁，門關不能幾。此種政例，在當時或不外東道主誼，禮侑賓客以致敬讓之觀念。而其流變，則近代外交官員所享治外法權之濫觴也。

第三目　行人之保障

行人銜命出使四方，主國之君，加以優禮。非唯禮行人也，亦以禮行人所代表之邦國也。行人代表國君（主權）之觀念，於周代卽已公認。故敬尊行人卽爲敬尊其君，無禮於行人，卽爲無禮於其君。而賊害或拘執行人與公然侮辱之者，亦往往足以釀成爭戰或嚴重之交涉。

一、鄧鄾人殺掠巴行人事件

左傳：『桓公九年（公元前七〇三年），巴子（姬姓）使韓服告於楚，請與鄧（曼姓侯）爲好。楚子（武王）使道朔將巴客以聘於鄧。鄧南鄙鄾人攻而奪之幣，殺道朔及巴行人。楚子使薳章讓於鄧，鄧人弗受。夏，楚使鬬廉（若敖子射）帥師及巴師圍鄾。鄧養甥聃甥帥師救鄾，三逐巴師，不克。鬬廉衡陳其師于巴師之中，以戰而北，鄧人逐之；背巴師而夾攻之，鄧師大敗，鄾人宵潰。』

此爲春秋左傳所載因殺掠行人而引致之首次戰爭。鄧之鄙鄾人殺巴楚聘好之使，奪其幣帛；楚讓之弗受而後聯軍以伐之。鄧爲無禮，楚師有名。

二、鄭人執王使游孫伯事件

『僖公二十四年（公元前六三六年），鄭人伐滑。（姬姓小國）王（襄王）使游孫伯（周大夫）如鄭請滑，鄭人執之。王怒。夏，以狄伐鄭，取櫟。』

按鄭以諸侯而執王使，侵甚矣。宜王不聽富辰之諫而以狄伐之也。（參考國語周中）

三、宋殺楚使申舟事件

『宣公十四年（公元前五九五年），夏，楚子（莊王）使申舟（文之無畏字子舟）聘于齊。曰：「無假道于宋」。亦使公子馮聘于晉，不假道于鄭。申舟以孟諸之役惡宋（文十年事）。曰：「鄭昭宋聾；晉使不害，我則必死！」王曰：「殺女，我伐之。見犀利也而行。」及宋，宋人止之。華元曰：「過我而不假道，鄙邊邑也。燭之武語秦穆公：『越國以鄙遠』，鄙亦作邊邑解。我也，鄙我，亡也。殺其使者必伐我，伐我亦亡也，亡一也。」乃殺之。楚子聞之，投袂而起，屨及於窒皇，劍及於寢門之外，車及於蒲胥之市。秋，九月，楚子圍宋。』楚蔑視宋，而華元亦有奪蹊田之牛之過也。

四、齊人辱笑郤克事件

『宣公十七年公元前五九二年，晉侯景公使郤克獻子徵會于齊，齊頃公帷婦人使觀之。郤克跛郤子登，婦人笑於房。獻子怒，出而誓。曰：「所不報此，無能涉河！」獻子先歸，使欒京廬待命于齊。曰：「不得齊事，無復命矣！」郤子至，請伐齊，晉侯弗許。請以其私屬，又弗許。其後三年成二年，齊伐衛魯。衛魯皆如晉乞師，使主郤獻子，晉侯許之。郤克將中軍，遂敗齊師於鞌，幾獲齊侯。』按史記晉世家：「景公八年，使郤克于齊，頃公母從樓上觀而笑之。所以然者，郤克僂而魯使蹇，衛使眇，故齊人亦令人如之以導客。」此一喜劇，無怪蕭同叔子之帷觀而笑之也。

『成三年，十二月，齊侯朝于晉。將授玉，郤克趨進。曰：「此行也，君爲婦人之辱笑也。」』齊侯以帷婦人觀笑郤子之故，喪師辱身，屈己行成。怨讟之于人也甚矣哉！

五、晉執齊使晏弱蔡朝南郭偃事件

『宣十七年，夏，會于斷道，討貳也。齊侯使高固宣子、晏弱桓子晏嬰之父、蔡朝、南郭偃會。及斂盂，高固逃歸。晉人執晏弱于野王，執蔡朝于原，執南郭偃于溫。苗賁皇使，見晏桓子。歸，言於晉侯。曰：「夫晏子何罪？昔者諸侯事吾先君，皆如不逮。舉言羣臣不信，諸侯皆有貳志。齊君恐不得禮，故不出，而使四子來。左右或沮之。曰，君不出，必執吾使。故高子及斂盂而逃。夫三子者，若絕君好，寧歸死焉，爲是犯難而來。吾若善逆彼，以懷來者；吾若執之，以信齊沮，吾不既過矣乎？過而不改，而又久之，以成其悔，何利之有焉？使反者得辭，而害來者以懼諸侯，將焉用之？」晉人緩之，逸。』

六、晉殺鄭使人伯蠲事件

『成公九年（公元前五八三年），秋，鄭伯（成公）如晉。晉人討其貳於楚也（是年春，楚人以重賂求鄭，鄭伯會楚公子成于鄧。），執諸銅鞮。欒書（武子）伐鄭，鄭人使伯蠲行成。晉人殺之。非禮也；兵交，使在其間可也。』

按『兵交使在其間可也』一語，爲行人在戰時所受之特殊保障。春秋時代戰時行人之任務有二：一曰請戰，一曰犒從。國語晉語三惠公六年，韓之戰，公令韓簡挑戰。左傳僖二十八年，晉楚城濮之戰，子玉（令尹得臣）使鬭勃請戰。曰：『請與君之士戲，君馮軾而觀之，得臣與寓目焉。』晉侯（文公）使欒枝（貞子）對曰：『寡君聞命矣。楚君之惠，未之敢忘，是以在此爲大夫退，其敢當君乎？既不獲命矣，敢煩大夫謂二三子：戒爾車乘，敬爾君事，詰朝將見。』文十二年，秦晉河曲之戰，秦行人夜戒晉師。曰：『兩軍之士，皆未慭也，明日請相見也。』宣十二年，晉楚邲之戰（公元前五九七年），楚少宰如晉師。曰：『寡君（莊王）少遭閔凶，不能文。聞二先君之出入此行也，將鄭是訓定，豈敢求罪于晉？二三子無淹久。』隨季（士會范會范武子）對曰：『昔平王命我先君文侯曰「與鄭夾輔周室，毋廢王命。」今鄭不率，寡君（景公）使羣臣問諸鄭，豈敢辱候人？敢拜君之辱！』彘子（先縠）以爲諂，使趙括從而更之。曰：『行人失辭，寡君使羣臣遷（遷，放逐貶謫也。書臯陶謨，「何遷乎有苗。」疏：遷，放之。）大國之迹于鄭，曰：「無辟敵，」羣臣無所逃命。』成十六年，晉楚鄢陵之戰，欒鍼曰：『日臣之使于楚也，子重（公子嬰齊）問晉國之勇。臣對曰：「好以衆整」。曰：「又何如」？對曰：「好以暇」。今兩國治戎，行人不使，不可謂整；臨事而食言，不可謂暇。請攝飲焉。』公（厲公）許之。使行人攝榼承飲，造于子重。曰：『寡君乏使，使鍼御，持矛；是以不得犒從者，使某攝飲。』子重曰：『夫子嘗與吾言于楚，必是故也，不亦識乎！』受而飲之。

韓、城濮、河曲、邲、鄢陵諸役，爲春秋時晉楚，晉秦爭伯中原之重要戰爭，而皆有行人往來其間。軍旅之禮，好整以暇；兵交使在其間，此顯例也。

七、晉執王使王叔陳生事件

『襄公五年（公元前五六八年），春，王（宣王）使王叔陳生愬戎于晉，晉人執之。士魴如京師，言王叔之貳於戎也。』

士魴此行，蓋告王以執王叔之故。

八、楚執鄭行人良霄事件

『襄公十一年（公元前五六二年），九月，諸侯之師伐鄭。鄭人使王子伯駢行成；使行人良霄大宰石㚟如楚，告將服于晉。曰：「孤（簡公）以社稷之故，不能懷君。君若能以玉帛綏晉，不然，則武震以攝威之，孤之願也！」楚人執之。書曰「行人」，言使人也。』

九、晉執衛行人石買孫蒯事件

『襄公十八年（公元前五五五年），夏，晉人執衛行人石買（石共子）于長子，執孫蒯于屯留，爲曹故也。』（按十七年夏，衛石買孫蒯伐曹，取重丘。曹人愬於晉。）

十、楚執徐行人儀楚事件

『昭公六年，徐儀楚聘于楚，楚子（靈王）執之，逃歸。懼其叛也，使薳洩伐徐。吳人救之，敗楚師于房鍾。

是楚無禮於徐，而招第三國之干涉也。

十一、楚殺陳行人干徵師事件

『昭公八年（公元前五三四年），夏，四月，辛亥，陳哀公縊。干徵師赴于楚，且告有立君。（公子留也。哀公元妃生大子偃師，二妃生留，下妃生公子勝。留有寵，以屬弟司徒招。招遂殺偃師而立留。）公子勝愬之于楚，楚人執而殺之。公子留奔鄭。書曰：「楚人執陳行人干徵師，殺之。」罪不在行人也。』

十二、晉執魯行人叔孫婼事件

『昭公二十三年（公元前五一九年），春，正月，邾人愬于晉（爲魯敗邾），晉人來討。叔孫婼如晉，晉人執之。書曰：「晉人執我行人叔孫婼，」言使人也。』

十三、晉執宋行人樂祁犂事件

『定公六年（公元前五〇四年），秋，八月，宋樂祁犂（字子梁）使于晉。趙簡子（趙鞅志父）逆，而飲之酒于緜上。范獻子（范鞅士鞅）言于晉侯（定公）曰：「以君命越疆而使，未致使而私飲酒，不敬二君，不可不討也。」乃執樂祁犂。』

春秋之例，於行人出使及其所發生之事態，必書，重使人也。而朝聘賓客之禮及其保障，于是乎見之。上舉十三事例中，因殺害，拘執或侮辱使人而致戰爭者五。其餘皆特書行人，以示褒貶，殆所謂春秋之微言大義也？

第五節　行人之操守

第一目　行人之信

昔者子張問行。子曰：『言忠信，行篤敬，雖蠻貊之邦行矣。』（論語衛靈公）行人者，道二國之言而成之以信者也。善道之，繼好結信，謀事補缺；不善，生靈荼毒，禍不旋踵。叔向，晉國之良也，其於行人之簡選，最爲愼重。左傳襄二十五年（公元前五四八年），春，『秦伯（景公）之弟鍼（桓公之子后子伯車）如晉脩成，叔向召行人子員。行人子朱曰：「朱也當御（進也）。」三云，叔向不應。子朱怒。曰：「班爵同，何以黜朱於朝？」撫劍從之。叔向曰：「秦晉不和久矣！今日之事，幸而集，晉國賴之；不集，三軍暴骨。子員道二國之言無私；子常易之，姦以事君者，吾所能御也？」』子員爲晉國行人之傑出者，正以其道二國之言無私。無私，信也。

其後九年，魯昭五年（公元前五三七年），叔向介韓宣子如楚送女，過鄭。子大叔語叔向曰：『楚王（靈王）汰侈已甚，子其戒之。』叔向曰：『若奉吾幣帛，愼吾威儀，守之以信，行之以禮，敬始而思終，終無不復，從而不失儀，敬而不失威，道之以訓辭，奉之以舊法，考之以先王，度之以二國，雖汰侈，若我何！』叔向此論，眞所謂『忠信以爲甲胄，禮義以爲干櫓，戴仁而行，抱義而處，雖有暴政，不更其所』者也。禮記儒行

春秋時行人有不信而僨事者。左傳：

『隱公五年公元前七一八年，宋人取邾田。邾人告於鄭。曰：「請君釋憾於宋，敝邑爲道。」鄭人以王師會之，伐宋。入其郛，以報東門之役按隱三年，宋穆公卒。其兄宣公之子殤公卽位，穆公子公子馮出居于鄭。明年，宋公陳侯蔡人衛人伐鄭，圍其東門，五日而還。鄭憾之。。宋人使來告命。公聞其入郛也，將救之。問於使者，曰：「師何及」？對曰：「未入國」。公怒。乃止，辭使者。曰：「君命寡人同恤社稷之難，今問使者，曰師未及國，非寡人之所敢知也！」』

其後四年隱公九年公元前七一四年：

『宋公殤公不王不朝王也。鄭伯莊公爲王左卿士，以王命討之，伐宋。宋以入郛之役怨公，不告命。公怒，絕宋使。』左傳

宋使受命乞師，而不以敵情實告魯。隱公怒宋之不誠，殤公怨魯之不恤，遂致斷交絕使，斯則行人不信之過也。

抑行人有不貳而集事者：

一、范文子之不貳

左傳『成公八年（公元前五八四年），冬，晉士燮（范文子）來聘，言伐郯也，以其事吳故。公賂之，請緩師。文子不可。曰：「君命無貳，失信不立，禮無加貨，事無二成。君後諸侯，是寡君不得事君也，將燮復之。」季孫（行父）懼，使宣伯帥師會伐郯。』

文子守信拒賂，達成君命，可謂不貳矣。

二、子叔聲伯之無私

左傳『成公十六年，九月，晉人執季孫行父，舍之于苕丘。公待于鄆，使子叔聲伯（嬰齊）請季孫于晉。郤犨（晉卿苦成叔，郤克從父兄弟也。）曰：「苟去仲孫蔑（孟獻子）而止季孫行父，吾與子國親于公室。」對曰：「僑如（叔孫宣伯）之情，子必聞之矣（叔孫宣伯使告郤犨曰：『魯之有季孟，猶晉之有欒范也，政令于是乎成。今其謀曰，「晉政多門，不可從也，寧事齊楚，有亡而已，蔑從晉矣。若欲得志于魯，請止行父而殺之、我斃蔑也而事晉。蔑有貳矣。魯不貳，小國必睦。不然，歸必叛矣。」』）。若去蔑與行父，是大棄魯國而罪寡君也。若猶不棄，而惠徼周公之福，使寡君得事晉君，則夫二人者，魯國社稷之臣也。若朝亡之，魯必夕亡。以魯之密邇仇讎，亡而為讎，治之何及？」郤犨曰：「吾為子請邑」。對曰：「嬰齊，魯之常隸也，敢介大國，以求厚焉。承寡君之命以請，若得所請，吾子之賜多矣。又何求？」』

『范文子謂欒武子曰：「季孫于魯相二君矣。妾不衣帛，馬不食粟，可謂不忠乎？信讒慝而棄忠良，若諸侯何！子叔嬰齊奉君命無私，謀國家不貳，圖其身，不忘其君。若虛其請，是棄善人也。子其圖之。」乃許魯平，赦季孫。』

第二目　行人之貞

行人執節出使，節爲信符，代表其邦國，代表其任務。『權事制宜，受命而不受辭』，是以孔子有使乎使乎之歎。故守節不渝，須有忠貞之操。孔子稱儒之特立，曰：『儒有委之以貨財，淹之以樂好，見利不虧其義。劫之以衆，沮之以兵，見死不更其守。』（禮記儒行）此言儒之貞德也。古之行人，皆儒也。儒者，習禮儀之士也，行人者，守禮儀之官也。致命遂志之行，往往於行人中見之。非特立獨行，忠貞剛毅，曷克臻此！

一、解揚不辱君命

左傳『宣公十五年（公元前五九四年），宋人使樂嬰齊告急於晉（楚子爲申舟被害，圍宋。），晉侯（景公）使解揚（揚字子虎，霍人。史記晉世家。）如宋，使無降楚。曰：「晉師悉起，將至矣。」鄭人囚而獻諸楚（鄭方從楚）。楚子（莊王）厚賂之，使反其言，不許。三，而許之。登諸樓車，使呼宋而告之。遂致其君命。楚子將殺之，使與之言。曰：「爾既許不穀而反之，何故？非我無信，女則棄之，速卽爾刑！」對曰：「君能制命爲義，臣能承命爲信，信載義而行之爲利。謀不失利，以衞社稷，民之主也。義無二信，信無二命。君之賂臣，不知命也。受命以出，有死無霣（同隕，廢墜也。），又可賂乎？臣之許君，以成命也；死而成命，臣之祿也。寡君有信臣，下臣獲考死，又何求？」楚子舍之以歸。』

解揚以致死爲祿，以成命爲考；成仁取義，眞儒之至行，貞之至德也。

二、叔孫豹圖國忘死

左傳『昭公元年，春，叔孫豹會晉趙武，楚公子圍，齊國弱，宋向戌，衛齊惡，陳公子招，蔡公孫歸生，鄭罕虎，許人，曹人于虢。三月，季武子伐莒，取鄆。莒人告于會，楚告于晉。曰：「尋盟未退，而魯伐莒，瀆齊盟。請戮其使！」樂桓子相趙文子。欲求貨于叔孫而爲之請，使請帶焉，弗與。梁其踁曰：「貨以藩身，子何愛焉。」叔孫曰：「諸侯之會，衛社稷也。我以貨免，魯必受師，是禍之也，何衛之爲？人之有牆，以蔽惡也；牆之隙壞，誰之咎也？衛而惡之，吾又甚焉。雖怨季孫，魯國何罪？叔出季處，有自來矣，吾又誰怨？然鮒（桓子名）也賄，弗與不已。」召使者，裂裳帛而與之。曰：「帶其褊矣。」』

『趙孟聞之，曰：「臨患不忘國，忠也；思難不越官，信也；圖國忘死，貞也；謀主三者，義也。有是四者，又可戮乎？」固請諸楚，乃免叔孫。』

三、蹶由不畏釁鼓

左傳『昭公五年，冬，十月，楚子（靈王）伐吳。吳子（夷末）使其弟蹶由犒師。楚人執之，將以釁鼓。王使問焉。曰：「女卜來吉乎？」對曰：「吉。寡君聞君將治民於敝邑，卜之以守龜。曰，余亟使人犒師，請行以觀王怒之疾徐而爲之備。尚克知之！龜兆告吉。曰，克可知也。君若驩焉好逆使臣，茲敝邑休怠，而忘其死，亡無日矣。今君奮焉震電馮怒，虐執使臣，將以釁鼓，則吳知所備矣。敝邑雖羸，若早修完，其可以息師。難易有備，可謂吉矣。」』

『且吳社稷是卜，豈爲一人？使臣獲釁軍鼓，而敝邑知備，以備不虞，其爲吉孰大焉！國之守龜，其何事不卜？一臧一否，其誰能常之！城濮之兆，其報在邲（城濮之役（公元前六三二年）晉勝楚；邲之役（公元前五九七年）楚勝晉。）今此行也，其庸有報志。乃弗殺。』（按蹶由於昭十九年始釋）蹶由以釁鼓爲吉與解揚之以死命爲考，威武不屈，前後輝映，顯節當世，垂範來茲，君子哉！

第二章　春秋時代之行人

第一節　春秋大勢

春秋者，孔子因魯史記周室東遷以後之事之史書也。其書起魯隱公元年（公元前七二二年）迄哀公十四年（公元前四八一年），凡二百四十一年（左傳則終于悼公四年），故學者稱此一時代爲春秋時代。

春秋之時，有國一百二十四，爵姓具者五十餘國。姬姓之國三十二（晉魯蔡曹衛鄭滕吳燕虢虞祭邢凡滑原荀芮息隨巴賈郕魏耿韓霍郜蕉楊密淮），晉爲大。嬴姓之國六（秦梁莒徐郯黃），秦爲大。姜姓之國七（齊紀州許萊申向），齊爲大。芈姓之國二（楚夔），楚爲大。姒姓之國三（越杞鄫），越爲大。嬀姓則有陳國，子姓則有宋，任姓則有薛。而皆奉周天王爲共主，以成空前之封建王國。

方周德之盛也，禮樂征伐自天子出。洎平王東遷（公元前七七〇年），王室衰微，伯主迭興，齊桓（以魯莊十三年即公元前六八一年會北杏伯）、宋襄（以魯僖十九年即公元前六四一年盟曹南伯）、晉文（以魯僖二八年即公元前六三二年戰城濮伯）、秦穆（以魯文三年即公元前六二四年伐晉伯）、楚莊（以魯宣十一年即公元前五九八年盟辰陵伯）是也。於是禮樂征伐自諸侯出，天子且聽命于伯主，如魯僖二十八年晉文公召襄王，春秋書曰：『天王狩於河陽』之例。及其末葉，禮樂征伐自大夫出，陪臣僭于公室，如魯三桓晉三家，所謂『天子微，諸侯僭，大夫強，諸侯脅』（禮記郊特牲）也。維時朝覲會盟，無歲蔑有。強國爭伯，弱國圖存，行人使節相望於道。孔子云：『衛靈公之無道也！康子（季孫肥）曰，「夫如是，奚而不喪？」孔子曰，「仲叔圉治賓客，祝鮀治宗廟，王孫賈治軍旅。夫如是，奚其喪！』」（論語憲問）由此觀之，雖無道如衛靈公，而以外交，內政，軍事付託之得人，遂免喪亡。行人之重要如此，孔子之重視行人如此！

第二節　周之行人

周之東遷，晉鄭是依，是為王室陵替之始。其時天王不敢自尊，其行人出使，亦往往以諸侯相聘之禮，假道過境之國。如國語周語中：『定王使單襄公聘於宋，遂假道於陳以聘於楚』是。惟伯主之求諸侯者，始從而尊之。如左傳僖二十五年，狐偃言于晉侯曰：『求諸侯莫如勤王』是。至若鄭莊公之公然抗拒王師，加矢王（桓王）肩（魯桓五年），此又無禮不臣之甚者也。然而周為宗主，有傳國之寶鼎，守先王之藉田，以臨列國，以共祭祀。諸侯即位，則遣使錫命，春秋禘嘗，則遣使賜胙。此皆天王之例行外交事務。若問鼎爭田，危及宗邦，則周之君臣，靡不悉力以爭之。

一、王孫滿

王孫滿者（韋昭云：『滿，周大夫王孫名。』），周大夫也。少慧。周襄王二十四年（公元前六二八年）、秦師將襲鄭，過周北門，左右皆免冑而下，超乘者三百乘。王孫滿尚幼，觀之。言於王曰：『秦師必有讁』（咎也）。王曰：『何故』？對曰：『師輕而驕。輕則寡謀，驕則無禮，無禮則脫，寡謀自陷。入險（韋云：崤也）而脫，能無敗乎？秦師無讁，是道廢也。』是行也，秦師還，晉人敗諸崤，獲其三帥白乙丙，西乞術，孟明視，匹馬隻輪無反

者。國語

其後二十二年，定王元年（公元前六〇六年），春，『楚子（莊王）伐陸渾之戎，遂至于雒，觀兵于周疆。定王使王孫滿勞楚子，楚子問鼎之大小輕重焉。對曰：「在德不在鼎！昔夏之方有德也，遠方圖物，貢金九牧，鑄鼎象物，百物而爲之備，使民知神姦。故民入川澤山林，不逢不若，螭魅罔兩，莫能逢之。用能協於上下，以承天休。桀有昏德，鼎遷于商，載祀六百。商紂暴虐，鼎遷于周。德之休明；雖小，重也。其姦回昏亂，雖大，輕也。天祚明德，有所底止。成王定鼎于郟鄏，卜世三十，卜年七百，天所命也。周德雖衰，天命未改，鼎之輕重，未可問也！」』（左傳）楚子遂退。終春秋之世，諸侯無再問鼎者。

二、劉康公單襄公

劉康公者，王季子之封於畿內者也，爲王卿士。（韋昭云：『劉，畿內之國，康公，王季子也。』）單襄公名朝，亦官卿士。簡王六年（公元前年八〇五），冬，『晉郤至（晉卿，溫季昭子。韋昭云：『步揚之孫，蒲城鵲之子，居溫季也。』）與周爭鄇田，（溫別邑也）王命劉康公單襄公訟諸晉。郤至曰：「溫吾故也，故不敢失！」劉子單子曰：「昔周克商，使諸侯撫封。蘇忿生以溫爲司寇，與檀伯達封於河。蘇氏卽狄，又不能於狄而奔衛，襄王勞文公而賜之溫，（按襄王十七年（公元前六三五年），文公殺王子帶，奉王歸周。左傳僖二五年，晉侯朝王，王與之陽樊、溫、原、攢茅之田。）狐氏陽氏（處父）先處之，而後及子，若治其故，則王官之邑也，子安得之？」晉侯屬公使

郤至勿敢爭。』左傳

三、詹桓伯

詹桓伯者，王卿士也。景王十二年公元前五三三年，春，

『周甘人與晉閻嘉爭閻田，晉閻嘉為閻縣大夫，則以為閻常屬晉。甘近閻故甘人爭之。晉梁丙張趯晉大夫，張孟。率陰戎陸渾之戎伐潁。王使詹桓伯辭於晉。曰：「我自夏以后稷，魏、駘、芮、岐、畢，吾西土也。及武王克商，蒲姑、商奄，吾東土也，巴、濮、楚、鄧，吾南土也，肅愼、燕、亳，吾北土也。吾何邇封之有？謂土廣也文武成康之建母弟以蕃屏周，亦其廢隊是爲；豈如弁髦，而因以敝之？先王居檮杌于四裔，以禦螭魅，故允姓之姦，居于瓜州。伯父惠公歸自秦，而誘以來，使偪我諸姬，入我郊甸襄王三年（公元前六四九年），夏，楊拒，泉皋，伊雒之戎，同伐京師，入王城，焚東門。，則戎焉取之，戎有中國，誰之咎也？后稷封殖天下，今戎制之，不亦難乎？伯父圖之！我在伯父，猶衣服之有冠冕，木水之有本原，民人之有謀主也。伯父若裂冠毀冕，拔木塞原，專棄謀主，雖戎狄，其何有余一人！」

『叔向謂宣子韓宣子曰：「文之伯也，豈能改物？翼戴天子而加之以共。自文以來，世有衰德，而暴滅宗周以宣示其侈。諸侯之貳，不亦宜乎？按晉平公末年，楚始得諸侯。諸侯惟宋事晉。且王辭直，子其圖之！」宣子說。王有姻喪，使趙成景子如周弔，且致閻田與襚死者衣衾，反潁俘。王亦使賓滑執甘大夫襄以說于晉，晉人禮而歸之。』左傳

按春秋大義尊王攘夷，于詹桓伯叔向之言見之。

四、富辛石張

富辛石張，不詳其官爵。敬王十年（公元前五一〇年），秋，八月，

『王使富辛與石張如晉，請城成周。天子曰（轉述天子之言也）：「天降禍于周，俾我兄弟並有亂心以爲伯父憂（謂王子朝之亂）。我一二親暱甥舅，不皇啓處，于今十年，勤戍五年。余一人無日忘之，閔閔焉如農夫之望歲，懼以待時。伯父若肆大惠，復二文之業，弛周室之憂，徼文武之福，以固盟主，宣昭令名，則余一人有大願矣！昔成王合諸侯，城成周以爲東都，崇文德焉。今我欲徼福假靈于成王，修成周之城，俾戍人無勤，諸侯用寧，蝥賊遠屏，晉之力也。其委諸伯父，使伯父實重圖之。俾我一人無徵怨于百姓，而伯父有榮施，先王庸之。」

『范獻子謂魏獻子（舒）曰：「與其戍周，不如城之，天子實云；雖有後事，晉勿與知可也。從王命以紓諸侯，晉國無憂。是之不務，而又焉從事？」魏獻子曰：「善」。使伯音對曰「天子有命，敢不奉承以奔告于諸侯。遲速衰序，于是焉在。」』（左傳）

是年冬，十一月，晉魏舒韓不信（簡子）如京師，合諸侯之大夫魯仲孫何忌（孟懿子），齊高張，宋仲幾，衛世叔申（彪傒），鄭國參（子產之子子思），曹人，莒人，薛人，杞人，小邾人於狄泉，尋盟；且令城成周。

第三節　魯之行人

魯，姬姓侯爵，周公旦之裔也。周公，文王第四子，武王之弟，成王之叔。武王崩，成王立；幼，周公輔之。有大勳於天下，位冢宰，留弼天子，乃封其長子伯禽爲魯侯，都曲阜（成王元年公元前一一一五年）。十三傳至隱公（息姑）元年，春秋託始于此。又二百四十一年爲哀公（蔣）之十四年，西狩獲麟，春秋以終。再九世至頃公（讎）滅於楚。（公元前二四九年）

伯禽以周公長子受封，成王念周公之勳德而欲尊魯，所賜禮器，較它國爲備；復以周公德業彪炳，承沐餘蔭，故文物教化，魯爲宗府。朝聘之事，最爲頻繁。據春秋左傳所載，周聘魯七，錫命三，歸脤一，賵葬四，來求三。魯君臣朝聘于周八。公如齊十有一，如晉二十，如楚二。魯大夫聘列國五十有六。諸侯朝魯四十。齊聘魯五，晉聘魯十有一，宋聘魯四，衛聘魯四，陳鄭秦吳聘魯各一，楚聘魯三。其餘會盟宗遇，魯殆無役不從。抑孔子據魯史以作春秋，魯事遂特詳也？

魯之外交政策，於同姓之國親晉，以彊；異姓之邦親齊，以近。觀於魯君臣聘齊晉之次數，可以知之。（魯大夫聘諸侯五十有六次中，如齊十有九次，如晉二十有五次。）其克盡行人之職者如后選。

一、公子翬

公子翬，字羽父（是嘗請隱公殺桓公，公不聽，被殺。），魯大夫也。隱公十一年（公元前七一二年），春，『滕侯薛侯來朝，爭長。薛侯曰：「我先封。」滕侯曰：「我周之卜正也；薛，庶姓也。我不可以後之。」公使羽父請於薛侯，曰：「君與滕侯辱在寡君。周諺有之，曰，山有木，工則度之；賓有禮，主則擇之。周之宗盟，異姓爲後，寡人若朝於薛，不敢與諸任薛姓齒。君若辱貺寡人，則願以滕君爲請！」薛侯許之，乃長滕侯。』左傳

二、臧文仲

臧文仲，名辰，臧哀伯之孫，魯之賢大夫也。莊公二十八年公元前六六六年，

『魯饑。臧文仲言於莊公，曰：「夫爲四鄰之援，結諸侯之信，重之以昏姻，申之以盟誓，固國之艱急是爲。鑄名器，藏寶財，固民之殄絕也病餓也是待。今國病矣，君盍以名器請糴于齊？」公曰：「誰使？」對曰：「國有饑饉，卿出告糴，古之制也。辰也備卿，辰請如齊。」公使往。從者曰：「君不命吾子，吾子請之，其爲擇事乎？」文仲曰：「賢者急病而讓夷，居官者當事不辟難，在位者恤民之患，是以國家無違。今我不如齊，非急病也；在上不恤下，居官而惰，非事君也。」

『文仲以鬯圭與玉磬如齊告糴。曰：「天災流行，戾泣也于敝邑，饑饉荐重也降，民羸病也幾卒盡也，大懼乏周公大公之命祀，職貢業事之不共而獲戾咎也。不腆先君之敝器，敢告滯積以紓執事，以救敝邑，使能共職。豈唯寡君與二三臣實受君賜，其周公大公及百辟君也神祇，實永饗而

賴之！」齊人歸其玉而予之羅。』（國語卷四魯語上）

三、展喜

展喜者，魯大夫乙喜也。左傳：

『僖公二十六年（公元前六三四年），夏，齊孝公伐我北鄙，公使展喜犒師，使受命於展禽（魯大夫展無駭之後柳下惠）。齊侯未入竟，展喜從之。（國語作：『展禽使乙喜以膏沐犒師。』）曰：「寡君聞君親舉玉趾將辱於敝邑，使下臣犒執事。」（國語作：『寡君不佞，不能事疆場之司，使君盛怒，以暴露於敝邑之野，敢犒輿師。』）

『齊侯曰：「魯人恐乎？」對曰：「小人恐矣，君子則否。」齊侯曰：「室如縣磬，野無青草，何恃而不恐！」對曰：「恃先王之命！昔者周公大公股肱周室，夾輔成王。成王勞之而賜之盟。曰，世世子孫，無相害也！載在盟府，大師藏之。桓公是以糾合諸侯而謀其不協，彌縫其闕而匡救其災，昭舊職也。及君卽位，諸侯之望曰，其率桓之功。我敝邑用不敢保聚。曰，豈其嗣世九年（孝公以僖十八年立）而棄命廢職，其若先君何？君必不然！恃此以不恐。」齊侯乃還。』（按國語作：『對曰，「恃二先君之所職業。昔者成王命我先君周公及齊先君大公，曰，女股肱周室，以夾輔先王。賜女土地，質之以犧牲，世世子孫，無相害也。君今來討敝邑之罪，其亦使聽從而事之，必不泯其社稷。豈其貪壤地而棄先王之命，其何以鎮撫諸侯！恃此以不恐。」齊侯乃許，為平而還。』）

四、季文子

季文子，名行父，魯之宗卿也。成公八年（公元前五八三年），春，『晉侯（景公）使韓穿來言汶陽之田，歸之于齊。季文子餞之，私焉。曰：「大國制義以為盟主，是以諸侯懷德畏討，無有貳心。謂汶陽之田敝邑之舊也，而用師于齊使歸諸敝邑。（謂鞌之役晉命齊歸魯之田）今有二命，曰歸諸齊。信以行義，義以成命，小國所望而懷也。信不可知，義無所之，四方諸侯其誰不解體？詩曰，女也不爽，士貳其行；士也罔極，二三其德。（衛風）七年之中，一與一奪（按晉使齊歸魯汶陽之田，在魯成二年。），二三孰甚焉！士之二三，猶喪妃耦，而況伯主？伯主將德是以，而二三之，其何以長有諸侯乎？詩曰，「猶之未遠，是用大簡。」（大雅生民之什，板，「簡」作「諫」，叶音「簡」。）行父懼晉之不遠猶而失諸侯也，是以敢私之。」』

『九年，春，為歸汶陽之田故，諸侯貳于晉。晉人懼，會于蒲，以尋馬陵之盟（魯成七年，楚公子嬰齊帥師伐鄭，魯侯晉侯齊侯宋公衛侯曹伯莒子邾子杞伯救鄭。八月，戊辰，同盟于馬陵。）。季文子謂范文子曰：「德則不競，尋盟何為？」范文子曰：「勤以撫之，寬以待之，堅彊以御之，明神以要之，柔服而伐貳，德之次也。」』（左傳）

按齊魯之爭汶陽之田亘百年，頗似德法二國之爭亞爾薩斯、洛林。是田舊屬魯，齊奪之。鞌之戰，晉勝齊，迫齊歸田于魯；越六年復取諸魯以與齊。大國之不惜犧牲弱小以綏靖現勢，自古已然。是以孔子相禮夾谷之會（魯定十年公元前五〇〇年），猶振振焉以反汶陽之田為辭也。（詳后）

五、子服惠伯

子服惠伯者，孟獻子之子孟椒也。昭公十三年（公元前五二九年），秋，八月，

『平丘之會，晉昭公使叔向辭昭公弗與盟。子服惠伯曰：「晉信蠻夷而棄兄弟，其執政貳也。貳心必失諸侯，豈唯魯然。夫失其政者，必毒於人，魯懼及焉。不可以不共，必使上卿從之。」季平子曰：「然則意如乎？若我往，晉必患我，誰為之貳？」子服惠伯曰：「椒既言之矣，敢逃難乎？椒請從。」晉人執平子。』（按左傳昭十三年：『會于平丘，將討魯。晉人執季平子。』蓋為昭十年季平子伐莒取郠，莒人愬之于晉，故討。）

『子服惠伯見韓宣子。曰：「夫盟，信之要也，晉為盟主，是主信也。若盟而棄魯侯，信抑闕矣。昔欒氏之亂，齊人閒晉之禍，伐取朝歌（欒氏，晉大夫欒盈也。獲罪奔楚，自楚奔齊。魯襄二十三年齊莊公納盈，不克，秋，伐晉，取朝歌。）。我先君襄公不敢寧處，使叔孫豹發帥敝賦（兵也），踦跂畢行，無有處人，以從軍吏次於雍渝。與邯鄲勝（晉大夫趙旃之子須子勝，食邑邯鄲。）擊齊之左，掎（從後止獲也）晏萊（齊大夫）焉。齊師退而後敢還，非以求遠（遠功也）也，以魯之密邇于齊而又小國也；齊朝駕則夕極於魯國，不敢憚其患，而與晉共其憂，亦曰庶幾有益於魯國乎？今信蠻夷而棄之（謂聽莒人之愬也），夫諸侯之勉於君者將安勸矣！若棄魯而苟固諸侯，羣臣敢憚戮乎？諸侯之事晉者，魯為勉矣。若以蠻夷之故棄之，其無乃得蠻夷而失諸侯之信乎？子計其利者，小國共命！」宣子說，乃歸平子。』（國語卷五魯語下）

按斯行也，平子以上卿為使，惠伯則介也。

六、子服景伯

子服景伯，名何。哀公七年（公元前四八八年），夏，公會吳于鄫。

『吳來徵百牢。子服景伯對曰：「先王未之有也。」吳人曰：「宋百牢我，魯不可以後宋。且魯牢晉大夫過十，吳王（夫差也）百牢，不亦可乎？」景伯曰：「晉范鞅貪而棄禮，以大國懼敝邑，故敝國十一牢之。君若以禮命於諸侯則有數矣；若亦棄禮則有淫者矣。周之王也，制禮，上物不過十二，以爲天之大數也。今棄周禮，而曰必百牢，亦唯執事。」吳人弗聽。景伯曰：「吳將亡矣，棄天而背本。不與，必棄疾於我。」乃與之。』左傳

哀公十三年（公元前四八二年），夏，公會單平公（周大夫），晉定公，吳夫差于黃池。秋，七月，辛丑，盟。吳人將以公見晉侯。

『子服景伯對使者，曰：「王合諸侯則伯帥侯牧以見於王，伯合諸侯則侯帥子男以見於伯。自王以下，朝聘玉帛不同。故敝邑之職貢於吳，有豐於晉，無不及焉，以爲伯也。今諸侯會，而君將以寡君見晉君，則晉成爲伯矣，敝邑將改職貢。魯賦於吳八百乘，若爲子男，則將半邾以屬於吳，而如邾以事晉。且執事以伯召諸侯，而以侯終之，何利之有焉？」吳人乃止。既而悔之，將囚景伯。

『景伯曰：「何也立後於魯矣。將以二乘與六人從，遲速唯命！」遂囚以還。及戶牖，謂大宰（吳大夫嚭）曰：「魯將以十月上辛有事於上帝先王，季辛而畢。何，世有職焉，自襄以來，未之改也。若不會，祝宗將曰：吳實然。且謂魯不共而執其賤者七人，何損焉？」大宰嚭言於王曰：「無損

於魯，而祇爲名，不如歸之！」乃歸景伯。』左傳

七、子貢

子貢，衛人，姓端木名賜，孔子弟子也。長於辭令，與宰我同爲孔門言語科之傑出人材。善貨殖，億則屢中。哀公七年，夏，公會吳于鄫。

『大宰嚭召季康子，康子使子貢辭。大宰嚭曰：「國君道長，而大夫不出門，此何禮也？」對曰：「豈以爲禮，畏大國也。大國不以禮命於諸侯；苟不以禮，豈可量也？寡君既共命焉，其老豈敢棄其國？大伯端委以治周禮，仲雍嗣之，斷髮文身，臝以爲飾，豈禮也哉？有由然也。』

『反自鄫，以吳爲無能爲也。』左傳

越五年（哀公十二年公元前四八三年），公復會吳于橐皋，

『吳子（夫差）使大宰嚭請尋盟，公不欲，使子貢對。曰：「盟所以周信也，故心以制之，玉帛以奉之，言以結之，明神以要之。寡君以爲苟有盟焉，弗可改也已；若猶可改，日盟何益！今吾子曰，必尋盟；若可尋也，亦可寒也。」乃不尋盟。』左傳

及是年秋，公會衛侯宋皇瑗于鄖，

『公及衛侯宋皇瑗盟，而卒辭吳盟。吳人藩（藩謂包圍也）衛侯之舍。子服景伯謂子貢（子貢介景伯），曰：「夫諸侯之會，事既畢矣，侯伯致禮，地主歸餼（饋也生牲），以相辭也。今吳不行禮于衛，而藩其君舍以難

之，子盍見大宰？」乃請束錦以行。語及衛故，大宰嚭曰：「寡君願事衛君，衛君之來也緩，寡君懼，故將止（留也）之。」子貢曰：「衛君之來，必謀于其衆。其衆或欲或否，是以緩來。其欲來者子之黨也，其不欲來者子之讎也。若執衛君，是墮黨而崇讎也夫。墮子者得其志矣。且合諸侯而執衛君，誰敢不懼？墮黨崇讎而懼諸侯，或者難以伯乎？」大宰嚭說，乃舍衛侯。』（左傳）

哀公十五年（公元前四八〇年），冬，『魯及齊平。子服景伯如齊，子贛為介。陳成子館客。曰：「寡君使恒告曰，寡君願事君如事衛君。」景伯揖子贛而進之。對曰：「寡君之願也。昔者晉人伐衛，齊為衛故，伐晉冠氏，喪車五百。因與衛地自濟以西，糕、媚、杏以南書社五百。吳人加敝邑以亂，齊因其病，取讙與闡（哀公八年），寡君是以寒心。若得視衛君之事君也，則固所願也！」成子病之，乃歸成。』（左傳。成，魯邑，是年春叛于齊。）

據左傳所記，子貢在魯四充行人。三會於吳，一使於齊，皆綽然成其使命。但越絕書又有子貢一出而存魯亂齊破吳彊晉伯越之故事。越絕書卷七陳成恒第九：

『昔者陳成恒（即陳恒）相齊簡公，欲為亂，憚齊邦鮑晏故，徙其兵而伐魯，魯君憂也。孔子患之，乃召門人弟子而謂之。曰：「諸侯有相伐者尚恥之；今魯，父母之邦也，丘墓在焉，今齊將伐之，可無一出乎？」顏淵辭出，孔子止之；子路辭出，孔子止之，子貢辭出，孔子遣之。（按史記仲尼弟子列傳作：「子張子石請行。」）

『子貢之齊，見陳成恒。曰：「夫魯難伐之邦而伐之，過矣。」陳成恒曰：「魯之難伐何也？」

子貢曰：「其城薄以卑，池狹而淺，其君愚而不仁，其大臣僞而無用，其士民有惡聞甲兵之心，此不可以戰！君不如伐吳：吳城高以厚，池廣以深，甲堅以新，士選以飽，重器精弩在其中，又使明大夫守，此邦易也。君不如伐吳。」成恒忿然作色。曰：「子之所難，人之所易也；子之所易，人之所難也，而以教恒，何也？」

『子貢對曰：「臣聞憂在內者攻彊，憂在外者攻弱，君今憂內。臣聞君三封而三不成者，大臣有不聽者也。今君破魯以廣齊，墮魯以尊臣，而君之功不與焉。是君上驕主心，下恣羣臣，而求成大事，難矣。且夫上驕則犯，臣驕則爭，是君上於主有郤（同隙），下與大臣交爭也。如此，則君立於齊危於重（累也）卵矣，臣故曰，不如伐吳。且夫吳，明猛以毅而行其令，百姓習於戰守，將明於法。齊之愚，爲禽必矣。今君悉擇四疆之中，出大臣以環之，黔首外死，大臣內空。是君上無彊臣之敵，下無黔首之士，孤立制齊者君也。」陳成恒曰：「善。雖然，吾兵已在魯之城下，若去而之吳，大臣將有疑我之心，爲之奈何？」子貢曰：「君按兵無伐，臣請見吳王，使之救魯而伐齊，君因以兵迎之。」陳成恒許諾，乃行。

『子貢南見吳王。謂吳王曰：「臣聞之，王者不絕世而伯者不彊敵，千鈞之重，加銖而移。今萬乘之齊，私千乘之魯而與吳爭彊，臣切爲君恐。且夫救魯，顯名也；伐齊，大利也。義在存亡魯，勇在害彊齊而威申晉邦者，則王者不疑也。」吳王曰：「雖然，我常與越戰，棲之會稽。夫越君，賢主也。苦身勞力，以夜接日，內飾其政，外事諸侯，必將有報我之心。子待吾伐越而還。」

『子貢曰：「不可。夫越之彊不下魯，而吳之彊不過齊，君以伐越而還卽齊也，亦私魯矣。且夫伐小越而畏彊齊者不勇，見小利而忘大害者不智，兩者臣無爲君取焉。且臣聞之，仁人不困厄以廣其德，智者不棄時以舉其功，王者不絕世以立其義。今君存越勿毀，親四鄰以仁，救暴困齊，威申晉邦，以武救魯，毋絕周室，明諸侯以義。如此，則臣之所見溢乎負海，必率九夷而朝，卽王業成矣。且大吳畏小越如此，臣請東見越王，使之出銳師以從下吏，是君實空越而名從諸侯以伐也。」吳王大悅，乃行子貢。

『子貢東見越王。越王聞之，除道郊迎至縣，身御子貢至舍而問曰：「此乃僻陋之邦，蠻夷之民也，大夫何索 求也 ，居然而辱乃至於此？」子貢曰：「弔君故來」。越王句踐稽首再拜，曰：「孤聞之，禍與福爲鄰，今大夫弔孤，孤之福也，敢遂聞其說。」子貢曰：「臣今見吳王，告以救魯而伐齊，其心申，其志畏越。曰，嘗與越戰，棲於會稽山上。夫越君，賢主也，苦身勞力，以夜接日，內飾其政，外事諸侯，必將有報我之心。子待我伐越而聽子。且夫無報人之心，而使人疑之者拙也；有報人之心，而使人知之者殆也；事未發而聞者危也。三者，舉世之大忌！」

『越王句踐稽首再拜，曰：「昔者孤不幸，少失先人，內不自量，與吳人戰，軍敗身辱，遺先人恥。遯逃出走，上棲會稽山，下守溟海，唯魚鼈是見，今大夫不辱而身見之，又出玉聲以教孤；孤賴先人之賜，敢不奉敎乎？」子貢曰：「臣聞之，明王任人，不失其能，直士舉賢，不容於世。故臨財分利則使仁，涉危拒難則使勇，用衆治民則使賢，正天下定諸侯則使聖人。今夫吳王有伐齊之志，君無惜重器以喜其心，毋惡卑辭以尊其禮，則伐齊必矣。彼戰而不勝，則君之福也；彼戰而勝，必以其餘兵臨晉，臣請北見晉君，令共攻之，弱吳必矣。其騎士銳兵敝乎齊，重器羽旄盡乎晉，則君制其敝，此滅吳必矣。」

『句踐稽首再拜，曰，「昔者吳王分其人民之衆以殘伐吾邦，殺敗吾民，圖吾百姓，夷吾宗廟，邦爲空棘，身爲魚鼈餌。今孤之怨吳王，深於骨髓，而孤之事吳王，如子之畏父，弟之敬兄，此孤之外言也。大夫有賜，故孤敢以疑，請遂言之。孤身不安牀席，口不甘厚味，目不接好色，耳不聽鐘鼓者已三年矣！焦脣乾嗌，苦心勞力，上事羣臣，下養百姓，願一與吳交天下之兵於中原之野，與吳王整襟交臂而奮吳越之士，繼踵連死，士民流離，肝腦塗地，此孤之大願也，如此不可得也！今內自量，吾國不足以傷吳，外事諸侯，不能也。孤欲空邦家，措策力，變容貌，易名姓，執箕掃，養牛馬以臣事之；孤雖要領不屬，手足異處，四支布陳爲鄉邑笑，孤之意出焉。大夫有賜，是存亡邦而興死人也。孤賴先人之賜，敢不待命乎？」

『子貢曰：「夫吳王之爲人也，貪功名而不知利害。」越王慥然避位，曰：「在子。」子貢曰：「賜爲君觀夫吳王之爲人，賢彊以恣下，下不能逆，數戰伐，士卒不能忍。大宰嚭爲人智而愚，彊而弱，巧言利辭以內其身，善爲僞詐以事其君，知前而不知後，順君之過以安其私，是殘國之吏，滅君之臣也。」越王大悅。子貢去而行。越王送之金百鎰，寶劍一，良馬二，子貢不受。

『遂行至吳，報吳王。曰：「敬以下吏之言告越王，越王大恐乃懼。曰，昔孤不幸，少失先人，內不自量，抵罪於縣，軍敗身辱，遯逃出走，棲於會稽，邦爲空棘，身爲魚鼈餌。賴大王之賜，使得奉俎豆而修祭祀。大王之賜，死且不忘，何謀敢慮？其志甚恐，似將使使者來。」

『子貢至五日，越使果至。曰：「東海役臣孤句踐使使臣種（文種也）敢修下吏問於左右。昔孤不幸，少失先人，內不自量，抵罪於縣，軍敗身辱，遯逃出走，棲於會稽，邦爲空棘，身爲魚鼈餌。賴大王之賜，使得奉俎豆而修祭祀。大王之賜，死且不忘。今竊聞大王將興大義，誅彊救弱，因暴齊而撫周室。故使越賤臣種以先人之藏器：甲二十領，屈盧之矛，步光之劍以賀軍吏。大王將遂大義，則敝邑雖小，悉擇四疆之中，出卒三千以從下吏。孤請自被堅執銳以受矢石。」

『吳王大悅，乃召子貢而告之。曰：「越使果來，請出卒三千，其君又從之與寡人伐齊，可乎？」子貢曰：「不可。夫空人之邦，悉人之衆，又從其君，不仁也。君受其幣，許其師，而辭其君。」吳王許諾。（按史記伍子胥傳：「越王句踐用子貢之謀，乃率其兵以助吳。」）

『子貢去，之晉。謂晉君曰：「臣聞之，慮不先定，不可以應卒；兵不先辨，不可以勝敵。今齊吳將戰；勝，則必以其兵臨晉。」晉大恐。曰：「爲之奈何？」子貢曰：「修兵休卒以待吳。彼戰而不勝，越亂之必矣。」晉君許諾。

『子貢去而之魯。吳王果與九郡之兵而與齊大戰於艾陵，大敗齊師，獲七將。陳兵不歸，果與晉人相遇黃池之上。吳晉爭彊，晉人擊之，大敗吳師。越王聞之，涉江襲吳，去邦七里而軍陣。吳王聞之，去晉從越。越王迎之，戰於五湖。二戰不勝，城門不守，遂圍王宮，殺夫差而僇其相。伐吳三年，東鄉而伯。故曰，子貢一出，存魯亂齊破吳彊晉伯越是也。』

越絕書，不知作者姓名，以叙有漢孝武帝時事，故斷爲晚出以入漢魏叢書。其書記伍員（子胥）報父奢之仇，夫差報父闔廬之仇，句踐雪會稽之恥，爲春秋末年三大復仇之事，故越絕爲復仇之書，要皆託飾爲之。陳成恒一篇，特寫子貢，文情最爲精彩。按春秋哀公『十一年，春，齊國書帥師伐我。夏，五月，公會吳伐齊。甲戌，齊國書帥師及吳戰于艾陵，齊師敗績，獲齊國書。』『十三年，夏，公會晉侯（定公）及吳子于黃池，於越入吳。』左氏傳云：「大敗齊師，獲國書、公孫夏、閭丘明、陳書、東郭書，革車八百乘，甲首三千以獻於公。』是吳嘗爲魯伐齊，會戰大勝，獻其俘獲；且陳兵黃池，與晉爭長，遂爲越所襲。與越絕所稱『吳王果與齊大戰於艾陵，大敗齊師，獲七將，陳兵不歸，果與晉人相遇黃池之上，』亦頗脗合。惟越絕云『吳晉爭彊，晉人擊之，大敗吳師；』實則黃池之會，吳晉爭先歃，晉趙鞅（簡子）雖有『建鼓整列，二臣死之，長幼必可知也』之語，但未交兵，爲非事實。此殆據史記仲尼弟子列傳，創爲演義傳奇之例，以爲子貢生色也？（據左傳子貢亦與艾陵之役）

八、孔子亦嘗爲魯行人

左傳『定公十年（公元前五〇〇年），夏，公會齊侯（景公）于祝其，實夾谷，孔丘相。犂彌言于齊侯，曰：「孔丘知禮而無勇，若使萊人以兵劫魯侯，必得志焉。」齊侯從之。孔丘以公退。曰：「士，兵之！

兩君好合而裔夷之俘以兵亂之，非齊君所以命諸侯也。裔不謀夏，夷不亂華，俘不干盟，兵不偪好。于神為不祥，于德為愆義，于人為失禮，君必不然！」齊侯聞之，遽辟之。

『將盟，齊人加于載書，曰：「齊師出竟，而不以甲車三百乘從我者，有如此盟！」孔丘使茲無還揖對曰：「而不反我汶陽之田，吾以共命者，亦如之！」

『齊侯將享公。孔丘謂梁丘據齊嬖(下也)大夫子猶曰：「齊魯之故，吾子何不聞焉。事既成矣而又享之，是勤執事也。且犧象不出門，嘉樂不野合：享而既具是棄禮也，若其不具用秕稗也。用秕稗君辱，棄禮名惡，子盍圖之？夫享，所以昭德也；不昭，不如其已也。」乃不果享。齊人來歸鄆、讙、龜陰之田。』

自來學者皆據史公書，以為孔子曾攝魯相。不知春秋時代自王室以至列國，並不置相，周禮亦無相之官職。相之制，始於戰國。史記韓世家：昭侯八年（公元前三五一年）申不害相，為稱相之始。秦本紀：惠文君十年（公元前三二八年），張儀相，為秦設相之始。秦武王二年（公元前三〇九年）以樗里疾甘茂為左右丞相，為丞相稱謂及分左右之始。周制『諸侯會則卿大夫相禮』。夾谷之會，孔子正為魯司寇，以秋官之長相魯侯會齊侯，適兼大行人之身分。行人固司寇屬官，而司寇身充之，故曰攝。斯所謂相也，與澶淵之會國景子相齊侯，子展相鄭伯；鄭伯如楚子產相，楚子享郤至子反相，魯侯禮衛孫文子叔孫穆子相，鄭伯如晉公孫段相（見第一章第三節第一目及第二目），溴梁之會，公孫蠆相鄭伯，拜陳之功子展相鄭伯如晉，毀館之行子產相鄭伯如晉，及平丘之會子產子大叔相鄭伯（見後第五節及第六節）等，同為行人相介賓相禮儀之相。其曰：『士，兵之！』

云者，士卽司寇屬官，掌警蹕誅戮暴客及犯命者也。犂彌以『知禮而無勇』輕孔丘，庸詎知君子之大勇哉！

第四節　齊之行人

齊，姜姓侯國，大公望後也。大公佐武王伐商有天下，尊爲尙父，封於齊，都臨淄，異姓之大國也。桓公小白九合諸侯，一匡天下，衣裳主盟，爲五伯首。獲麟後百有二年，康公貸卒，田氏幷齊（公元前三七九年），是爲田齊。至公元前二二一年秦始皇使王賁滅之。

一、賓媚人

賓媚人者，齊上卿國佐，國武子也。頃公十年（魯成二年），六月，癸酉，『魯季孫行父，臧孫許（文仲之子武仲之父臧宣叔），叔孫僑如，公孫嬰齊（子叔聲伯）帥師會晉郤克，衞孫良夫，曹公子首，及齊侯戰于鞌，齊師敗績。齊侯使賓媚人賂以紀甗、玉磬、與地；不可，則聽客之所爲。賓媚人致賂，晋人不可。曰：「必使蕭同叔子爲質，而使齊之封內盡東其畝。」『對曰：「蕭同叔子非它，寡君之母也；若以匹敵，則亦晋君之母也。吾子布大命於諸侯，而曰必質其母以爲信，其若王命何？且是以不孝令也！詩曰，「孝子不匱，永錫爾類。」（大雅生民之什既醉）若以不孝令於諸侯，其無乃非德類也乎？先王疆理天下，物土之宜而布其利。故詩曰，「我疆我理，南東其畝。」（小雅北山之什信南山）今吾子疆理諸侯，而曰盡東其畝而已，唯吾子戎車是利，無顧土宜，其無乃非先王之命也乎？反先王則不義，何以爲盟主？其晉實有闕。四王之王也，樹德而濟同欲焉。五伯之伯也，勤而撫之以役王命。今吾子求合諸侯，以逞無疆之欲。詩曰，「布政優優，百祿是遒。」子實不優而棄百祿，諸侯何害焉。不然，寡君之命使臣則有辭矣。曰，「子以君師，辱于敝邑，不腆敝賦以犒從者。畏君之震，師徒撓敗。吾子惠徼齊國之福，不泯其社稷，使繼舊好；唯是先君之敝器土地不敢愛，子又不許。請收合餘燼，背城借一！敝邑之幸亦云從也，況其不幸，敢不唯命是聽！」

『晉人許之。對曰：「羣臣帥賦輿以爲魯衞請，若苟有以藉口而復于寡君，君之惠也。敢不唯命是聽。」』

『秋，七月，晉師及齊國佐盟于袁婁，使齊人歸魯汶陽之田。』（左傳。按晉使齊人歸魯汶陽之田，不過爲郤克復命藉口，宜其越六年而又奪之與齊也。）

二、晏嬰

晏嬰，字平仲，齊之賢大夫也。景公九年（魯昭三年），春，正月，

『齊侯使晏嬰請繼室于晉（晉平公娶于齊，曰少姜。魯昭二年冬，卒。）。曰：「寡君使嬰曰，寡人願事君，朝夕不倦，將奉質幣以無失時，則國家多難，是以不獲。不腆先君之適，以備內官，焜燿寡人之望。則又無祿，早世隕命，寡人失望。君若不忘先君之好，惠顧齊國，辱收寡人，徼福于大公丁公，昭臨敝邑，

鎮撫其社稷，則猶有先君之適，及遺姑姊妹若而人。君若不棄敝邑，而辱使董振擇之以備嬪嬙，寡人之願也！」

『韓宣子使叔向對曰：「寡君之願也。寡君不能獨任其社稷之事，未有伉儷，在衰絰之中，是以未敢請。君有辱命，惠莫大焉。若惠顧敝邑，撫有晉國，賜之內主，豈唯寡君，舉羣臣實受其貺。其自唐叔以下，實寵嘉之！」既成昏，晏子受禮。』（左傳）

第五節　晉之行人

晉，姬姓侯爵，周武王少子唐叔虞之後也。成王時封于唐（成王九年公元前一一〇六年），唐叔子燮父爲晉侯。十傳至昭侯，封共父文侯之弟成師于曲沃（平王六年公元前七四五年），是爲桓叔。昭侯傳至哀侯，爲桓叔孫武公所滅。武公徙居絳。鄂侯二年，魯隱公立，定公三十一年，獲麟之歲也。又六世，韓趙魏三分晉地，遷其君靖公爲家人。（安王二十六年公元前三七六年）

自文公四年（魯僖二十八年），敗楚城濮，作盟踐土，歷襄靈成景厲悼平昭頃定十君，代主夏盟，世執牛耳，凡一百二十有六年，至定公六年（魯定四年公元前五〇六年）召陵之會，始失諸侯。方晉之盛，西抗秦，南服楚，東勝齊，曹衛爲其附庸，魯宋仰其鼻息，眞所謂『晉國，天下莫彊焉』（孟子梁惠王）者也。

一、梁由靡

梁由靡者，晉大夫也。獻公既卒（魯僖九年公元前六五一年），重耳居狄，夷吾在梁。呂甥及郤稱使蒲城午告公子夷吾于梁。曰：『子厚賂秦人以求入，吾主子。』夷吾乃使梁由靡告于秦穆公，曰：

『天降禍于晉國，讒言繁興，延及寡君之紹續昆裔（言驪姬譖三公子也），隱悼播越，託在草莽，未有所依。又重以寡君之不祿，喪亂並臻（言里克殺奚齊卓子及驪姬也）。以君之靈，鬼神降衷，罪人克伏其辜，羣臣莫敢寧處，將待君命。君若惠顧社稷，不忘先君之好，辱收其逋遷裔胄而建立之，以主其祭祀，且鎮撫其國家及其人民；雖四鄰諸侯之聞之也，其誰不儆懼于君之威，而欣喜于君之德？終君之重愛，受君之厚貺，而羣臣受其大德，晉國其誰非君之羣臣隸也！』（國語卷八晉語二）

秦穆公許諾，遂置公子夷吾，實為惠公。

二、陰飴甥

陰飴甥，姓瑕呂，名飴甥，字子金，亦稱呂甥瑕甥，食采于陰，故又名陰飴甥。惠公六年（魯僖十五年公元前六四五年），冬，

『晉侯及秦伯（穆公）戰于韓，獲晉侯。十月，陰飴甥會秦伯盟于王城。秦伯曰：「晉國和乎？」對曰：「不和。小人恥失其君而悼喪其親，不憚征繕以立圉（惠公子懷公）也。曰，必報仇，寧事戎狄！君子愛其君而知其罪，不憚征繕以待秦命。曰，必報德，有死無二！以此不和。」

『秦伯曰：「國謂君何」？對曰：「小人慼，為之不免；君子恕，以為必歸。小人曰，我毒秦，

秦豈歸君？君子曰，我知罪矣，秦必歸君。貳而執之，服而舍之，德莫厚焉，刑莫威焉。服者懷德，貳者畏刑，此一役也，秦可以伯。納而不定，廢而不立，以德爲怨，秦不其然？」秦伯曰：「是吾心也」。改館晉侯，饋七牢焉。』左傳

三、呂相

呂相者，魏錡之子魏相也。厲公三年（魯成十三年），夏，五月，晉侯會魯侯、齊侯、宋公、衞侯、鄭伯、曹伯、邾人、滕人伐秦。先一月，使呂相絕秦（桓公）。曰：

『昔逮我獻公及穆公相好，努力同心，申之以盟誓，重之以昏姻。天禍晉國，文公如齊，惠公如秦。無祿，獻公卽世，穆公不忘舊德，俾我惠公用能奉祀于晉。又不能成大勳，而爲韓之師（魯僖十五年）。亦悔于厥心，用集我文公，是穆之成也。文公躬環甲冑，跋履山川，踰越險阻，征東之諸侯，虞夏商周之胤而朝諸秦，則亦既報舊德矣。鄭人怒君之疆埸，我文公帥諸侯及秦圍鄭（魯僖三十年九月），秦大夫不詢于我寡君，擅及鄭盟（詳下節燭之武）。諸侯疾之，將致命于秦。文公恐懼，綏靜諸侯，秦師克還無害，則是我有大造于西也。

『無祿，文公卽世，穆爲不弔，蔑死我君，寡我襄公，迭我殽地，奸絕我好，伐我保城，殄我費滑，散離我兄弟，撓亂我同盟，傾覆我國家。我襄公未忘君之舊勳，而懼社稷之隕，是以有殽之師（魯僖三十三年夏四月公元前六二七年）。猶願赦罪于穆公，穆公弗聽，而卽楚謀我。天誘其衷，成王（楚成王）隕命，穆公是

以不克逞志于我。穆襄卽世，康靈卽位。康公，我之自出。又欲闕翦我公室，傾覆我社稷，帥我蝥賊，以來蕩搖我邊疆，我是以有令狐之役（魯文七年夏秦康公納公子雍于晉，晉人及秦人戰于令狐。）。康猶不悛，入我河曲，伐我涑川，俘我王官，翦我羈馬（魯文八年夏，秦人伐晉，取武城，以報令狐之役。十年，春，秦伯伐晉，取北徵。十二年，取羈馬。），我是以有河曲之戰（魯文十二年冬）。東道之不通，則是康公絕我好也。

『及君之嗣也，我君景公引領西望，曰「庶撫我乎？」君亦不惠稱盟，利吾有狄亂，入我河縣（魯宣二年秦師圍焦），焚我箕郜，芟夷我農功，虔劉我邊陲，我是以有輔氏之聚（魯宣十五年晉魏顆敗秦師于輔氏）。君亦悔禍之延（長也），而欲徼福于先君獻穆，使伯車（公子鍼也）來命我景公，曰：「吾與女同好棄惡，復修舊德，以追念前勳。」言誓未就，景公卽世，我寡君是以有令狐之會。君又不祥，背棄盟誓。（左傳魯成十一年冬；「秦晉爲成，將會于令狐，晉侯先至焉，秦伯不肯涉河，次于王城。使史顆盟晉侯于河東，晉郤犨盟秦伯于河西。范文子曰：「是盟也何益？齊盟，所以質信也。會所，信之始也。始之不從，其可質乎？」秦伯歸而背晉成。」）

『白狄及君同州，君之仇讎而我之昏姻也。君來賜命，曰：「吾與女伐狄」。寡君不敢顧昏姻，畏君之威而受命于吏。君有二心于狄，曰：「晉將伐女」。狄應且憎，是用告我。楚人惡君之二三其德也，亦來告我。曰：「秦背令狐之盟，而來求盟于我，昭告昊天上帝，秦三公，楚三王。曰，余雖與晉出入，余唯利是視。不穀惡其無成德，是用宣之，以懲不壹。」諸侯備聞此言，斯是用痛心疾首，暱就寡人。寡人帥以聽命，唯好是求。君若惠顧諸侯，矜哀寡人而賜之盟，則寡人之願也；其承寧諸侯以退，豈敢徼亂？君若不施大惠，寡人不佞，其不能以諸侯退矣。敢盡布之執事，俾執事實圖利之！』左傳五月，丁亥，晉侯以諸侯之師及秦戰于麻隧，秦師敗績。呂相絕秦之辭令，為左氏文中之最典麗者。抑秦桓公既與晉厲為令孤之盟，而又召狄與楚，道使貳晉。諸侯惡秦之無成德，轉暱于晉。晉合諸侯以伐之，先之以呂相，絕交宣戰，為春秋時代戰爭行為之最合于現代國際公法者。晉人先禮而後兵，理直氣壯，所以克也。而當時列國遵守盟誓（約也）履行義務之習慣，並于斯見之。

四、子員

子員于晉官行人，為職業外交家。悼公八年（魯襄八年），夏，四月，庚寅，鄭子國（公子發子產之父）子耳（公孫輒）侵蔡，蔡潰，獲蔡司馬公子燮。五月，甲辰，會于邢丘，鄭伯（簡公）獻捷于會。冬，楚子囊（公子貞）伐鄭，討其侵蔡也。子駟（公子騑）子國子耳欲從楚，子孔（公子嘉）子蟜（公孫蠆）子展欲待晉。卒從子駟，乃及楚平。使王子伯騈告于晉。曰：

『君命敝邑，修而車賦，備而師徒，以討亂略。蔡人不從，敝邑之人，不敢寧處，悉索敝賦，以討于蔡，獲司馬燮，獻于邢丘。今楚來討，曰：「女何故稱兵于蔡？」焚我郊保，馮陵我城郭。敝邑之衆，夫婦男女，不遑啓處以相救也。翦焉傾覆，無所控告。民死亡者，非其父兄，即其子弟。夫人愁痛，不知所庇。民知窮困，而受盟于楚，孤與其二三臣不能禁止，不敢不告！」

『知武子（荀首之子荀罃，知伯。知氏與中行氏同祖，自荀首分族稱知氏。）使行人子員對之。曰：「君有楚命，亦不使一介行李（言副使也）告于寡

君，而卽安于楚；君之所欲也，誰敢違君？寡君將帥諸侯以見于城下，唯君圖之」！』左傳

次年，晉侯遂會諸侯伐鄭，而爲戲之盟。

五、叔向

叔向，羊舌氏，名肸。祖羊舌大夫爲大子申生軍尉，父羊舌職爲奚祁中軍尉佐。平公十九年魯昭三年秋，七月，鄭罕虎如晉賀夫人晉平公續娶齊姜，且曰：

『楚人日徵敝邑以不朝立王共王子令尹公子圍弑郟敖自立爲靈王之故。敝邑之往，則畏執事其謂寡君而固有外心，其不往，則宋之盟云按宋之盟，卽弭兵之盟，在魯襄二十七年，爲晉楚同盟之始。是盟楚先晉歃，楚靈王遂脅諸侯，晉伯業始衰。。進退難也，寡君使虎布之。」韓宣子使叔向對曰：

『君若辱有寡君，在楚何害？修宋盟也。君苟思盟，寡君乃知免于戾矣。君若不有寡君，雖朝夕辱于敝邑，寡君猜焉。君實有心，何辱命焉，君其往也！苟有寡君，在楚猶在晉也。』左傳

叔向博識多通，嫻辭習禮。平公二十六年魯昭十年，秋，九月，諸侯之大夫魯叔孫婼，齊國弱，宋華定，衛北宮喜貞子，鄭罕虎，及許人、曹人、莒人、邾人、滕人、薛人、杞人、小邾人如晉葬平公，欲因見新君昭公。叔向辭之。曰：

『大夫之事畢矣，而又命孤。孤斬焉在衰絰之中，出以嘉服見則喪禮未畢；其以喪服見，是重受弔也。大夫將若之何？』左傳 皆無辭以對。

昭公三年（魯昭十三年），秋，七月，晉侯合諸侯于平丘，子產子大叔相鄭伯（定公）以會。八月，晉人將尋盟，齊人不可。

『晉侯使叔向告劉獻公（劉定公子，名摯，王卿士。），曰：「抑齊人不盟，若之何？」對曰：「盟以底信，君苟有信，諸侯不貳，何患焉。告之以文辭，董之以師武，雖齊不許，君庸多矣。天子之老，請帥王賦，元戎十乘，以先啓行，遲速唯君。」

『叔向告于齊曰：「諸侯求盟，已在此矣。今君弗利，寡君以爲請！」對曰：「諸侯討貳，則有尋盟，若皆用命，何盟之尋？」叔向曰：「國家之敗，有事而無業，事則不經；有業而無禮，經則不序；有禮而無威，序則不共；有威而不昭，共則不明。不明棄共，百事不終，所由傾覆也。是故明王之制，使諸侯歲聘以志業，間朝以講禮，再朝而會以示威，再會而盟以顯昭明。志業于好，講禮于等，示威于衆，昭明于神，自古以來，未之或失也。存亡之道，恒由是興。晉禮主盟，懼有不治。奉承齊犧而布諸君，求終事也。君曰，余必廢之，何齊之有？唯君圖之，寡君聞命矣。」齊人懼。對曰：「小國言之，大國制之，敢不聽從。既聞命矣，敬共以往，遲速唯君。」

『邾人莒人愬于晉，曰：「魯朝夕伐我，幾亡矣（魯昭元年，季武子伐莒取鄆。十年，季平子伐莒，取郠。）。我之不共，魯故之以。」晉侯不見魯侯，使叔向辭曰：「諸侯將以甲戌盟，寡君知不得事君矣，請君無勤。」子服惠伯對曰：「君信蠻夷之訴，以絕兄弟之國棄周公之後，亦唯君，寡君聞命矣。」叔向曰：「寡君有甲車四千乘在，雖以無道行之，必可畏也。況其率道，其何敵之有？牛雖瘠，僨于豚上，其畏不死！南蒯子仲之憂（魯昭十二年，南蒯子仲以費叛如齊。），其庸可棄乎？若奉晉之衆，用諸侯之師，因邾莒杞鄫之怒以討魯罪，閒其二憂，何求而弗克！」魯人懼，聽命。甲戌，同盟于平丘。』左傳

六、士彌牟

士彌牟，士伯，亦稱士景伯。頃公九年（魯昭二十五年），夏，晉趙簡子會宋樂大心、衞北宮喜、鄭游吉、及曹人、邾人、滕人、薛人、小邾人于黃父，謀王室也（魯昭二十二年（公元前五二〇年）四月，周景王崩；王子朝作亂，入于王城。次年，敬王居狄。）。趙簡子令諸侯之大夫輸粟，且戍人。

『宋樂大心曰：「我不輸粟。我于周爲客，若之何使客？」晉士伯曰：「自踐土以來，宋何役之不會而何盟之不同？曰，同恤王室，子焉得辟之？子奉君命以會大事，而宋背盟，無乃不可乎？」右師（樂大心官桐門右師）不敢對，受牒而退。』左傳

第六節　鄭之行人

鄭姬姓伯爵，周厲王少子友之後也。宣王二十二年（公元前八〇六年）受封，都畿內鄭縣。幽王之難（公元前七七一年），友寄帑于虢鄶之間，因取二國之地，在濟西洛東河南潁北四水之間，謂之新鄭。莊公二十四年，魯隱公卽位，聲公二十年，魯哀公十四年也。後滅于韓。（公元前三七五年周烈王元年）

平王東遷，于鄭爲近。武公莊公爲王卿士，周是以依焉。莊公伐許無刑，舍其已服，度德量力，

相時知禮（魯隱十一年），儼然河洛之彊國也。及秦晉爭伯，晉楚交兵，鄭以小國依違其間，君臣上下，不遑寧處。幸而後亡者，則行人之力也。

一、燭之武

文公四十三年（魯僖三十年），九月，甲午，

『晉侯（文公）秦伯（穆公）圍鄭，以其無禮于晉（重耳之出亡也，過鄭，鄭文公不禮焉。），且貳于楚也。晉軍函陵，秦軍氾南。佚之狐言于鄭伯曰：「國危矣，若使燭之武見秦君，師必退。」公從之。辭曰：「臣之壯也猶不如人，今老矣，無能爲也已。」公曰：「吾不早用子，今急而求子，是寡人之過也。然鄭亡，子亦有不利焉。」許之。夜縋而出，見秦伯。曰：「秦晉圍鄭，鄭既知亡矣。若亡鄭而有益于君，敢以煩執事。越國以鄙遠，君知其難也，焉用亡鄭以倍鄰？鄰之厚，君之薄也。若舍鄭以爲東道主，行李之往來，共其困乏，君亦無所害。且君嘗爲晉君賜矣，許君焦瑕，朝濟而夕設版焉，君之所知也。夫晉，何厭之有？既東封鄭，又欲肆其西封。若不闕秦，將焉取之？闕秦以利晉，唯君圖之！」秦伯說，與鄭人盟。使杞子逢孫揚孫戍之，乃還。』（左傳）

維也納會議以還，德法二國各有其安全保障之理想疆界，英國獨運用均勢政策以控馭歐洲大陸。是以有比利時，盧森堡及瑞士之先後中立，彊國以之緩衝，弱國藉以自保。讀燭之武之言，以亡鄭倍鄰，鄰厚君薄之說說秦穆，遂退秦晉聯軍。孰謂均勢政策爲英國獨創之外交傳統？自燭之武之退秦

師，中秦伯以『晉何厭之有』之言，秦晉由昏姻而仇讎，兵戎相尋，幾無寧歲，呂相絕秦所數備矣。此後秦晉不再聯軍。則燭之武不惟以均勢存其國，且縱間其德其讎。弱國無外交，豈篤論也？

二、公子歸生

公子歸生，字子家，鄭公族大夫也。穆公十八年（魯文十七年），夏，晉侯（靈公）復合諸侯于扈。于是晉侯不見鄭伯，以爲貳于楚也。子家使執訊而與之書，以告趙宣子。曰：

『寡君即位三年，召蔡侯（莊公）而與之事君，九月，蔡侯入于敝邑以行。寡君以侯宣多之難，是以不得與蔡侯偕。十一月，克減侯宣多，而隨蔡侯以朝于執事。十二年，六月，歸生佐寡君之嫡夷（鄭靈公名），以請陳侯于楚而朝諸君。十四年，七月，寡君又朝，以蕆陳事。十五年，五月，陳侯自敝邑往朝于君。往年，正月，燭之武往朝夷也，八月，寡君又往朝。以陳蔡之密邇于楚而不敢貳焉，則敝邑之故也。雖敝邑之事君，何以不免？在位之中，一朝于襄，而再見于君。夷與孤之二三臣相及于絳。雖我小國，則蔑以過之矣！今大國曰：「爾未逞吾志」。敝國有亡，無以加焉。古人有諺曰：「畏首畏尾，身其餘幾。」又曰：「鹿死不擇音」。小國之事大國也，德則其人也，不德，則其鹿也。鋌而走險，急何能擇。命之罔極，亦知亡矣。將悉敝賦，以待于儵。文公二年，六月，壬申，朝于齊，四年，二月，壬戌，爲齊侵蔡，亦獲成于楚。居大國之間，而從于彊令，豈其罪也？大國若弗圖，無所逃命。』（左傳）

晉翟朔行成于鄭，趙穿公胥池爲質焉。

三、公子騑

公子騑，字子駟，鄭公族大夫也。簡公二年，（魯襄九年）冬，十月諸侯伐鄭。

『魯季武子，齊崔杼，宋皇鄖從荀罃、士匄門于鄟門；衞北宮括，曹人，邾人從荀偃（中行獻子中行偃字伯游）、韓起門于師之梁；滕人，薛人，從欒黶（欒武子之子桓子）、士魴門于北門；杞人，郳人從趙、武魏絳（莊子）師于汜。鄭人恐，乃行成。十一月，己亥，同盟于戲，鄭服也。將盟，鄭六卿公子騑、公子發、公子嘉、公子輒、公孫蠆、公孫舍之，及其大夫門子皆從鄭伯。晉士莊子（士弱）爲載書。曰：「自今日既盟之後，鄭國而不唯晉命是聽而或有異志者，有如此盟！」公子騑趨進，曰：「天禍鄭國，使介居二大國之間。大國不加德音，而亂以要之，使其鬼神不獲歆其禮記，其人民不獲享其土利，夫婦辛苦墊隘，無所底告。自今日既盟之後，鄭國而不唯有禮與彊可以庇民者是從而敢有異志者，亦如之！」荀偃曰：「改載書？」公孫舍之曰：「昭大神要言焉，若可改也，大國亦可叛也。」知武子謂獻子曰「我實不德，而要人以盟，豈禮也哉？非禮何以主盟！姑盟而退，修德息師而來，終必獲鄭，何必今日？我之不德，民將棄我，豈惟鄭。若能休和，遠人將至，何恃于鄭？」乃盟而還。』左傳

四、公孫僑

公孫僑，字子產，穆公之孫，子國之子，官少正。簡公十五年（魯襄二十二年），夏，晉人徵朝于鄭，鄭人使少正公孫僑對曰：

『在晉先君悼公九年，我寡君于是即位（按鄭僖公髡頑于魯襄七年十二月被弒，次年，即襄八年，晉悼公八年，簡公即位。）。即位八月，而我先大夫子駟從寡君以朝于執事（魯襄八年夏，邢丘之會。）。執事不禮于寡君，寡君懼因是行也。我二年六月，朝于楚，晉是以有戲之役（魯襄九年十一月己亥）。楚人猶競，而申禮于敝邑，敝邑欲從執事，而懼爲大尤。（魯襄九年，冬，楚子伐鄭，鄭及楚平。）曰：「晉其謂我不共有禮」，是以不敢攜貳于楚。我四年，三月，先大夫子蟜又從寡君以觀釁于楚（魯襄十年，秋，諸侯伐鄭。冬，楚公子貞，帥師救鄭，子蟜以師從楚。），晉于是乎有蕭魚之役（魯襄十一年十二月戊寅）。謂我敝邑，邇在晉國，譬猶草木，吾臭味也，而何敢差池？寡君盡其土實，重之以宗器，以受齊盟，遂帥羣臣隨于執事以會歲終（蕭魚之會，鄭人賂晉侯（平公）以師悝，師觸，師蠲；廣車軘車淳十五乘，甲兵備，凡兵車百乘，歌鐘二肆，及其鎛磬，女樂二八。按悝觸蠲樂師名，多瞽人爲之。）。貳于楚者子侯石盂，歸而討之。溴梁之明年（魯襄十七年也。襄十六年，三月，會于溴梁，鄭公孫蠆相鄭伯以從。），子蟜老矣（子蟜卒于襄十九年四月丁未），公孫夏（子駟之子子西次卿）從寡君以朝于君（魯襄十八年，冬，十月，會于魯濟，尋溴梁之言。），見于嘗酎，與執燔焉。間二年，聞君將靖東；夏，四月，又朝以聽事。期不朝之間，無歲不聘，無役不從。以大國政令之無常，國家罷病，不虞荐至（按魯襄七年，鄭子駟使賊殺鄭僖公。八年，羣公子謀子駟，子駟先之。夏，四月庚辰，殺子狐、子熙，子侯、子丁，孫擊、孫惡出奔衛。十年，冬，盜殺鄭公子騑公子發公孫輒。十九年，秋，鄭子展子西師國人伐子孔，殺之。子革子良出奔楚。），無日不愓，豈敢忘職？大國若安定之，其朝夕在庭，何辱命焉。若不恤其害而以爲口實，其無乃不堪任命，而翦爲仇讎，敝邑是懼，其敢忘君命。委諸執事，執事實重圖之。』（左傳）

簡公十八年（魯襄二十五年），六月，壬子，子展子產帥車七百乘伐陳，入之。冬，子產獻捷于晉、戎服將事。晉人問陳之罪。對曰：

『昔虞閼父（陳之先人）爲周陶正，以服事我先王（周武王也），我先王賴其利器用也，與其神明（帝舜）之後也，庸以元女大姬配胡公滿而封之陳，以備三恪。則我周之自出，至于今是賴。桓公之亂（魯桓公五年陳侯桓公鮑卒），蔡人欲立其出。我先君莊公奉五父而立之，蔡人殺之。我又與蔡人奉戴厲公。至于莊宣，皆我之自立。夏氏之亂（魯宣十年，夏，夏徵舒殺陳靈公平國。），成公（靈公子午）播蕩，又我之自入，君所知也。今陳忘周之大德，蔑我大惠，棄我姻親，介恃楚衆，以憑陵我敝邑，不可億逞，我是以有往年之告。（魯襄二十四年鄭伯如晉，請伐陳。）未獲成命，則有我東門之役（魯襄二十四年，冬，楚子陳侯伐鄭。），當陳隧者，井堙木刊。敝邑不懼不競而恥大姬。天誘其衷，啓敝邑之心，陳知其罪，授手于我，用敢獻功。』

『晉人曰：「何故侵小？」對曰：「先王之命，唯罪所在，各致其辟。且昔天子之地一圻，列國一同，自是以衰。今大國多數圻矣，若無侵小，何以至焉？」（按九一八事變後，我國向國際聯盟控訴日人侵略，涖會之英法諸國代表，亦頗不慊于日本軍閥之侵略行爲。日首席代表松岡洋右遂公開指斥英法之帝國勢力，即由侵略弱小而成，英法代表爲之緘口結舌，蓋深得子產立言之竅也。）

『晉人曰：「何故戎服？」對曰：「我先君武莊爲平桓卿士，城濮之役，文公布命曰，各服舊職。命我文公戎服輔王，以授楚捷，不敢廢王命故也。」士莊伯（士弱）不能詰，復于趙文子。文子曰：「其辭順，犯順不祥。」乃受之。』（左傳）

冬，十月，子展相鄭伯如晉，拜陳之功。子西復伐陳，陳及鄭平。

簡公二十三年（魯襄三十年），子產繼子皮爲政。二十四年，夏，六月，子產相鄭伯以如晉，晉侯（平公）以魯喪故（是年六月辛己魯襄公薨），未之見也。子產使盡壞其館之垣，而納車馬焉。晉士文伯（士弱之子伯瑕名匄）讓之，曰：

『敝邑以政刑之不脩，寇盜充斥，無若諸侯之舊辱在寡君者何。是以令吏人完客所館，高其閈閎，厚其牆垣，以無憂客使。今吾子壞之，雖從者能戒，其若異客何？以敝邑之爲盟主，繕完葺牆，以待賓客，若皆毀之，其何共命？寡君「使匄請命」！對曰：

『以敝邑褊小，介於大國，誅求無時，是以不敢寧居，悉索敝賦，以來會時事。逢執事之不間而未得見，又不獲聞命，未知見時，不敢輸幣，亦不敢暴露。其輸之，則君之府實也，非薦陳之不敢輸也。其暴露之，則恐燥濕之不時，而朽蠹以重敝邑之罪。

『僑聞文公之爲盟主也，公室卑庳，無觀臺榭，以崇大諸侯之館。館如公寢，庫廐繕修，司空以時平易道路，圬人以時塓館宮室。諸侯賓至，甸設庭燎，僕人巡宮，車馬有所，賓從有代，巾車脂轄，隸人牧圉，各瞻其事。百官之屬，各展其物。公不留賓，而亦無廢事。憂樂同之，事則巡之，教其不知，而恤其不足。賓至如歸，無寧（語助詞）菑患，不畏寇盜，而亦不患燥濕。今銅鞮之宮數里，而諸侯舍于隸人。門不容車而不可踰越，盜賊公行而天癘不戒，賓客無時而命不可知。若又勿壞，是無所藏幣以重罪也。敢請執事，將何以命之？雖有魯喪，亦敝邑之憂也（同姓相恤）。若獲薦幣，修垣而行，君之惠也，敢憚勤勞！」

『文伯復命。趙文子曰：「信，我實不德，而以隸人之垣以贏諸侯，是吾罪也。」使士文伯謝不敏焉。晉侯見鄭伯，有加禮，厚其宴好而歸之。乃築諸侯之館。叔向曰：「辭之不可以已也，如

是夫！子產有辭，諸侯賴之，若之何其釋辭也？」』左傳

及定公元年，魯昭十三年秋，八月、劉子、魯侯、晉侯、齊侯、宋公、衛侯、鄭伯、曹伯、莒子、邾子、滕子、薛伯、杞伯、小邾子同盟于平丘。子產相鄭伯以如會。及盟，子產爭承貢賦之次也。曰：

『天子班貢，輕重以列。列尊貢重，周之制也。卑而貢重者甸服也。鄭，伯男也，而使從公侯之貢，懼弗給也，敢以爲請！諸侯靖兵，好以爲事，行理吏也之命，無月不至。貢之無藝，小國有闕，所以得罪也。諸侯修盟，存小國也，貢獻無極，亡可待也。存亡之制，將在今矣。」自日中以爭至於昏，晉人許之。仲尼謂子產于是行也，足以爲國基矣。』左傳

定公七年魯昭九年，駟偃子游卒。初，偃娶于晉大夫，生絲，弱。其父兄立子瑕駟乞。它日，絲以告其舅。冬，晉人使以幣問駟乞之立故。駟氏駟乞欲逃，子產弗遣。大夫謀對，子產不待對客曰：

『「鄭國不天，寡君之二三臣札小也疾夭昏。今又喪我先大夫偃，其子幼弱，其一二父兄懼隊宗主，私族于謀，而立長親。寡君與二三老曰：「抑天實剝亂是，吾何知焉。」諺曰：「無過亂門」。民有兵亂，猶憚過之，而況敢知天之所亂？今大夫將問其故，抑寡君實不敢知，其誰實知之！平丘之會，君尋舊盟，曰：「無或失職」！若寡君之二三臣其即世者，晉大夫而專制其位，是晉之縣鄙也，何國之爲？」辭客幣而報其使，晉人舍之。』左傳

子產于簡公十二年魯襄十九年，始爲卿。至二十三年子皮授之政，當國。前乎子產者如公子歸生，公子騑，以介於晉楚之間，依違兩難，被動之勢，國憊民敝。及子產爲政，始一變被動外交爲主動外

交。伐陳毀館（左傳），皆弱小國家之所不能爲者，而子產竟能存其宗邦，利及諸侯，可謂深得小國事大國之道者也。定公之四年（魯昭十六年），晉韓宣子聘于鄭，謁鄭伯求玉環。子大叔子羽欲與之。曰：『何愛于一環，以取憎于大國？』子產曰：

『僑聞爲國非不能事大字小之難，無禮以定其位之患。夫大國之人令于小國，而皆獲其求，將何以給之？一共一否，爲罪滋大。大國之求無禮以斥之，何饜之有？吾且爲鄙邑，則失位矣。』

子產不以共無饜之求爲事大之道，唯守禮定位是患。禮即盟載之義務，履之無踰分，位即諸侯之主權，守之無失格。是以於駟乞之立，嚴辭峻拒，杜盟主之干涉，保國權之完整。孔子謂子產『有君子之道四焉：其行己也恭，其事上也敬，其養民也惠，其使民也義』（論語公冶長）。又曰：『言以足志，文以足言。不言，誰知其志？言之無文，行而不遠。』子產內合其民，外事大國，利溥諸侯；信乎，『辭之不可以已也』夫！

五、子大叔

子大叔者，穆公子公子偃（字子游）之孫也，以王父字爲氏，名游吉。與晉叔向同時，且相善，皆一代行人之選也。簡公二十一年（魯襄二十八年），秋，八月，鄭伯使游吉如楚。及漢，楚人還之。曰：

『宋之盟（魯襄二十七年，秋七月。），君實親辱，今吾子來；寡君（康王）謂吾子姑還，吾將使馹奔問諸晉而以告。』

子大叔曰：

『宋之盟，君命將利小國，而亦使安定其社稷，鎮撫其民人以禮承天之休；此君之憲令，而小國之望也。寡君是故使吉奉其皮幣，以歲之不易，聘于下執事。今執事有命曰，女何與政令之有？必使而君棄而封守，跋涉山川，蒙犯霜露以逞君心。小國將君是望，敢不唯命是聽。無乃非盟載之言，以闕君德，而執事有不利焉，小國是懼。不然，其何勞之敢憚？』左傳

簡公二十七年（魯昭三年）春，正月，游吉如晉，送少姜之葬。梁丙與張趯見之。梁丙曰：『甚矣哉，子之爲此來也！』子大叔曰：

『將得已乎？昔文襄之伯也，其務不煩諸侯。令諸侯三歲而聘，五歲而朝，有事而會，不協而盟；君薨，大夫弔，卿共葬事；夫人，士弔，大夫送葬，足以昭禮、命事、謀闕而已，無加命矣。今嬖寵之喪，不敢擇位（子大叔位大夫），而數于守適，惟懼獲戾，豈敢憚煩？少姜有寵而死，齊必繼室。今茲吾又將來賀，不唯此行也。』（左傳。按是年齊侯果使晏嬰請繼室于晉。）

獻公二年（魯昭公三十年），六月，庚辰，晉侯（頃公去疾）卒。八月，葬。游吉弔，且送葬。魏獻子使士景伯詰之。曰：

『悼公之喪，子西弔，子蟜送葬。今吾子無貳，何故？』對曰：

『諸侯所以歸晉君，禮也。禮也者，小事大，大字小之謂。事大在共其時命，字小在恤其所無。以敝邑居大國之間，共其職貢與其備御不虞之患，豈忘共命？先王之制，諸侯之喪，士弔，大夫送葬。惟嘉好聘享三軍之事，于是乎使卿。晉之喪事，敝邑之間，先君有所助執紼者矣。若其不

閉，雖士大夫有所不獲數矣。大國之會，亦慶其加而不討其乏。明底其情，取備而已。靈王之喪（周靈王，名泄心。公元前五四五年（魯襄二十八年）崩。），我先君簡公在楚，我先大夫印段實往，敝邑之少卿也。王吏不討，恤所無也。今大夫曰：「女盍從舊」。舊有豐有省，不知所從。從其豐，則寡君幼弱，是以不共；從其省，則吉在此矣。唯大夫圖之！晉人不能詰。』左傳

六、子羽

子羽，名公孫揮。簡公二十五年（魯昭元年），楚公子圍聘于鄭，且娶于公孫段氏，伍舉爲介。將入館，鄭人惡之，使行人子羽與之言，乃館于外。既聘，將以衆逆。子產患之，使子羽辭。曰：

『「以敝邑褊小不足以容從者，請墠，聽命。」令尹（子圍爲令尹）命大宰伯州犂對曰：「君辱貺寡大夫圍，謂圍將使豐氏（公孫段子豐施，稱豐氏。）撫有而室。圍布幾筵，告于莊共之廟而來。若野賜之，是委君貺于草莽也，是寡大夫不得列于諸卿也。不寧唯是，又使圍蒙其先君，不得爲寡君老，其蔑以復矣。唯大夫圖之！」

『子羽曰：「小國無罪，恃實其罪。將恃大國之安靖己，而無乃包藏禍心以圖之，小國失恃，而懲諸侯使莫不憾者，距違君命而有所壅塞不行是懼。不然，敝邑館人之屬也，其敢愛豐氏之祧？」伍舉知其有備也，請垂櫜而入，許之。正月，乙未，入逆而出。』左傳

第七節　楚之行人

楚，芊姓子爵，帝顓頊之苗裔也。至鬻熊，爲周文武師。成王時，封鬻熊曾孫熊繹於荊蠻，胙以子男之田，都于郢，後徙壽春。周室衰微，熊通僭號稱武王（公元前七〇四年，周桓王十六年）。武王十九年，魯隱公立，惠王八年，哀公十四年也。自莊王八年（魯宣三年），問鼎雒邑，日與晉國爭伯中原，諸侯爲敝。惠王後歷簡、聲、悼、肅、宣、威、懷、頃襄、考烈、幽、哀、負芻十二王而秦滅之。（公元前二二三年秦始皇二十四年）

一、屈完

屈完，楚之宗室也。成王十六年（魯僖四年），春：

『齊侯（桓公）以諸侯之師侵蔡，蔡潰，遂伐楚。楚子使與師言曰：「君處北海，寡人處南海；唯是，風、馬牛不相及也，不虞君之涉吾地也，何故？」』管仲對曰：「昔召康公命我先君大公，曰：五侯九伯，女實征之，以夾輔周室。賜我先君履（領土也）：東至于海，西至于河，南至于穆陵，北至于無棣。爾貢包茅不入，王祭不共，無以縮酒，（禮記郊特牲：『縮酒用茅』。謂束茅灌酒去滓也。）寡人是徵。昭王南征而不復（公元前一〇〇二年），寡人是問。」

『對曰：「貢之不入，寡君之過也，敢不共給。昭王之不復，君其問諸水（漢水也）濱！」師退，次于陘。夏，楚子使屈完如師。師退，次于召陵。齊侯陳諸侯之師，與屈完乘而觀之。齊侯曰「豈不穀是爲，先君之好是繼。與不穀同好，如何？」對曰：「君惠徼福于敝邑之社稷，辱收寡君，寡君之願也。」齊侯曰：「以此衆戰，誰能御之？以此攻城，何城不克？」對曰：「君若以德綏諸侯，誰敢不服？若以力，楚國方城以爲城，漢水以爲池；雖衆，無所用之！」屈完及諸侯盟。』左傳

二、椒舉

椒舉，卽伍舉，伍奢之父也。食邑於椒。靈王三年（魯昭四年），春，許男如楚，楚子止之。遂止鄭伯（簡公），復田江南，（按魯昭三年，鄭簡公如楚，王與田江南之夢。）許男與焉。使椒舉如晉求諸侯，二君待之。椒舉致命曰：

『「寡君使舉曰，日君有惠，賜盟于宋。（按春秋歷次會盟，晉皆先歃，惟宋之盟楚先，黃池之會吳先耳。）曰，「晉楚之從，交相見也。」以歲之不易，寡人願結驩于二三君，使舉請閒。君若苟無四方之虞，則願假寵以賜于諸侯。」

『晉侯（平公）許楚使，使叔向對曰，「寡君有社稷之事，是以不獲春秋時見諸侯，君實有之，何辱命焉。」椒舉遂請昏，晉侯許之。』左傳

三、薳啓彊

薳啓彊，楚大宰也。靈王六年（魯昭七年），春，楚子成章華之臺，願與諸侯樂之。大宰薳啓彊曰：『臣能得魯侯。』薳啓彊如魯召昭公。辭曰：

『昔先君成公命我大夫嬰齊（子重）曰：「吾不忘先君之好，將使衡父照臨楚國，鎮撫其社稷，以輯寧爾民。」嬰齊受命于蜀。（按左傳：魯宣公使求好于楚，莊王卒，宣公薨，不克作好。成公即位，受盟于晉，會晉伐齊，敗齊師于鞌，楚令尹子重師師救齊。成公二年，冬，楚師侵衛，遂侵魯師于蜀，及陽橋。孟孫（孟孝伯，仲孫蔑）往賂之以執斲、執鍼、織紝皆百人，公衡爲質以請盟。楚人許平。）奉承以來，弗敢失隕，而致諸宗祧。曰，我先君共王，引領北望，日月以冀，傳序相授，于今四王矣。（共王康王郟敖靈王）嘉惠未至，唯襄公之辱臨我喪。（魯襄二十八年十一月，公如楚。十二月乙未，康王卒。）孤與其二三臣悼心失圖，社稷之不皇，況能懷思君德？今君若步玉趾，辱見寡君，寵靈楚國，以信蜀之役，致君之嘉惠，是寡君既受惠矣，何蜀之敢望？其先君鬼神實嘉賴之，豈惟寡君！君若不來，使臣請問行期，寡君將承質幣，而見于蜀以請先君之貺！』（左傳）

三月，昭公如楚。

四、申包胥

申包胥者，『楚大夫王孫包胥』也（國語卷十九吳語韋昭注）。昭王十年（魯定四年），冬，十一月，庚午，蔡侯（昭公）以吳子（闔廬）及楚人戰于柏舉，楚師敗績。庚辰，吳入郢，楚子奔隨。申包胥如秦乞師。曰：

『吳爲封豕長蛇以荐食上國，虐始于楚，寡君失守社稷，越在草莽。使下臣告急。曰，「夷德無厭，若鄰于君，疆埸之患也。逮吳之未定，君其取分焉。若楚之遂亡，君之土也；若以君靈撫之，世以事君。」』

『秦伯（哀公）使辭焉。曰：「寡人聞命矣。子姑就館，將圖而告。」對曰：「寡君越在草莽，未獲所伏，下臣何敢即安？」立，依于庭牆而哭，日夜不絕聲，勺飲不入口，七日。秦伯為之賦無衣。（詩國風秦，無衣三章。其首章曰：「豈曰無衣，與子同袍。王于興師，脩我戈矛；與子同仇。」）九頓首而坐，秦師乃出。

『初，伍員（子胥）與申包胥善。其亡也（避父伍奢之難），謂申包胥曰：「我必復（同覆）楚國。」申包胥曰：「子能復之，我必能興之。」至是果然。』（左傳）

第八節　秦之行人

秦，嬴姓，伯爵。其先為周孝王主馬汧渭間，馬大蕃息。孝王十三年（公元前八九七年），封非子為附庸而邑之秦。傳至襄公，討西戎有功。平王東遷，賜以岐豐之地，列為諸侯（公元前七七〇年）。文公四十四年，魯隱公立，悼公十一年，魯哀公十四年也。後九世孝公用耕戰伯。其子惠文君自號為王。傳武王、昭襄王、孝文王、莊襄王至始皇幷天下一統，自立為皇帝（公元前二二一年），二世而亡（公元前二〇七年）。

秦之穆公與晉文宋襄同時，兩為晉國立君（惠公文公）。自伯西戎，頗事東征。及穆公卒（魯文六年），殉秦良子車氏三子（奄息仲行鍼虎），左氏稱『君子是以知秦之不復東征』。然康共桓之際，與晉連兵四十餘年。麻隧（秦桓公二十七年魯成十三年）敗績而後，始不問中原事焉。

西乞術

西乞術者，秦大夫也（公羊傳：「術者何？秦大夫也。」）。康公六年（魯文十二年），秋，秦伯使西乞術聘于魯，且言將伐晉。

襄仲（公子遂東門氏）辭曰：『君不忘先君之好，照臨敝國，鎮撫其社稷，重之以大器，寡君敢辭玉！』對曰：
『不腆敝器，不足辭也。』主人三辭。賓答曰：
『寡君願徼福于周公魯公以事君，不腆先君之敝器，使下臣致諸執事，以爲瑞節，要結好命。所以藉寡君之命，結二國之好，是以敢致之。』
襄仲曰：『不有君子，其能國乎？國無陋矣。』厚賄之。（左傳）

第九節　衞之行人

衞，姬姓侯爵，武王同母少弟康叔封之後也。武王封康叔于衞，都朝歌。至文公徙楚丘。桓公十三年，魯隱公卽位，出公十二年，哀公十四年也。其後貶號曰君，有濮陽之地。秦二世廢其君角爲庶人。

祝　佗

祝佗（論語作鮀）者，衞大祝（宗廟之官）子魚也。靈公二十九年（魯定四年），春，三月，劉文公（王卿士也）會諸侯于召陵，謀伐楚。五月，盟于臯鼬。將會，衞子行敬子言于靈公曰：『會同難，嘖有煩言，莫之治也，其使祝佗從。』公曰：『善』。乃使子魚。子魚辭曰：『臣展四體，以率舊職，猶懼不給，而煩刑書。若又共二，徼大罪也。且夫祝，社稷之常隸也，社稷不動，祝不出竟，官之制也。君以軍行，祓社釁鼓，祝奉以從，于是乎出竟。若嘉好之事，君行師從，卿行旅從，臣無事焉。』公曰：『行也！』

及臯鼬，將長蔡于衞，衞侯使祝佗私于萇宏曰：

「聞諸道路，不知信否，若聞蔡將先衞，信乎？」萇宏曰：「信。蔡叔，康叔之兄也；先衞，不亦可乎？」子魚曰：「以先王觀之，則尙德也。昔武王克商，成王定之，選建明德，以藩屛周。故周公相王室以尹天子，于周爲睦。分魯公以大路車也大旂，夏后氏之璜，封父之繁弱良弓名；殷民六族條氏、徐氏、蕭氏、索氏、長勺氏、尾勺氏，使帥其宗氏，輯其分族，將其醜類以法則周公。用卽命于周，是使之職事于魯，以昭周公之明德。分之土田陪敦，祝宗卜史，備物典策，官司彝器。因商奄之民，命以伯禽而封于少皞之墟。」

『分康叔以大路，少帛、綪茷旆也、旃旌、大呂；殷民七族陶氏、施氏、繁氏、錡氏、樊氏、饑氏、終葵氏；封畛土略，自武父以南及圃田之北竟。取于有閻之土以共王職，取于相土之東都，以會王之東蒐。聃季授土，陶叔授民，命以康誥而封於殷虛朝歌。皆啓以商政，疆以周索。

『分唐叔以大路，密須之鼓，闕鞏沽洗，懷姓九宗，職官五正。命以唐誥，而封于夏虛。啓以夏政，疆以戎索。三者皆叔也，而有令德，故昭之以分物。不然，文武成康之伯猶多而不獲是分也，唯不尙年也。

『管蔡啓商，惎間毒亂也王室，王于是乎殺管叔，而蔡音薩放也蔡叔，以車七乘，徒七十人。其子蔡仲改行帥德，周公舉之以爲己卿士，見諸王而命之以蔡。其書云：「王若曰，無若爾考之違王命也！」

若之何其使蔡先衛也？

『武王之母弟八人，周公為大宰，康叔為司寇，聃季為司空；五叔無官，豈尚年哉？曹，文之昭也，晉，武之穆也；曹為甸伯，非尚年也！今將尚之，是反先王也。晉文公為踐土之盟，衛成公不在，夷叔其母弟也，猶先蔡。其載書云：「王若曰，晉重耳、魯申僖公、衛武、蔡甲午莊公、鄭捷文公、齊潘昭公、宋王臣成公、莒期」，藏在周府，可覆視也。吾子欲復文武之略而不正其德，將如之何？」萇宏說。告劉子與范獻子謀之，乃長衛侯于盟。』左傳

孔子嘗稱祝鮀之佞，又云衛靈公有仲叔圉、祝鮀、王孫賈于是不喪；佗之佞，蓋此類也。

第十節　吳之行人

吳，姬姓子爵，大伯之胤也。大伯，周大王長子，奔荆蠻以辟季歷，居于梅里今無錫縣。孔子稱『泰伯之德其至矣乎』，謂其能讓也。大伯卒，仲雍立。傳十七世至壽夢，稱王。其後闔廬築大城而都之今蘇州。魯成公七年公元前五八五年，壽夢始見經。夫差十五年，獲麟之歲也，再八年公元前四七三年，為越句踐所滅。

一、奚斯

奚斯吳大夫。夫差十二年魯哀十一年，吳既勝齊人于艾陵，乃使行人奚斯釋言于齊韋昭曰：「以言辭自解，歸非于齊。」。

曰：

『寡人帥師不腆吳國之役（兵也），遵汶之上，不敢左右，唯好之故。今大夫國子（齊卿國書）興其衆庶，以犯獵吳國之師徒；天若不知有罪，則何以使下國勝？』（國語卷十九吳語）

二、王孫苟

王孫苟，吳大夫也。國語：

『吳王夫差既退于黃池（夫差十四年魯哀十三年公元前四八二年），乃使王孫苟告勞（功也）于周。曰：昔者楚爲不道，不共承王事，以遠我一二兄弟之國。吾先君闔廬不貰不忍，被甲帶劍，挺（拔也）鈹搢（振也）鐸，以與楚昭王毒逐于中原柏舉。天舍其衷，楚師敗績，王去其國（昭王奔隨），遂至于郢（闔廬九年魯定四年公元前五〇六年）。王（闔廬也）總其百執事以奉其社稷之祭。其父子昆弟不相能，夫概王（闔廬弟）作亂，是以復歸于吳。

『今齊侯壬（簡公）不鑒于楚，又不共承王命，以遠我一二兄弟之國（韋昭云：「兄弟，魯也。哀十一年春齊伐魯，故其年吳會魯以伐齊。」）、夫差不貰不忍，被甲帶劍，挺鈹搢鐸，遵汶伐博，簦笠相望于艾陵。天舍其衷，齊師還。夫差豈敢自多，文武實舍其衷。歸，不稔于歲，余沿江泝淮，闕溝深水出于商魯之間，以徹（通也）于兄弟之國（言黃池之會也）。夫差克有成事，敢使苟告于下執事。』（卷十九吳語）

第十一節　越之行人

越，東夷之國也，姒姓。魯昭公五年始見經，至句踐而大。魯定公十有四年（公元前四九六年），五月，越敗吳于檇李，吳王闔廬負傷死。後二年，夫差伐越，報檇李。越逆之，自江至于五湖，吳人大敗之于夫椒，遂入越。越王以甲楯五千保于會稽，使大夫種因吳大宰嚭以成（公元前四九四年）。魯哀公二十二年，越滅吳。

文　種（諸稽郢坿）

文種，句踐大夫也。國語：

『越王句踐棲于會稽之上，乃號令于三軍。曰：「凡我父兄昆弟及國子姓有能助寡人謀而退吳者，吾與之共知越國之政。」大夫種進，對曰：「臣聞之賈人，夏則資皮，冬則資絺，旱則資舟，水則資車，以待乏也。夫雖無四方之憂，然謀臣與爪牙之士不可不養而擇也。譬如蓑笠，時雨既至必求之。今君王既棲于會稽之上，然後乃求謀臣，無乃後乎？」句踐曰：「苟得聞子大夫之言，何後之有？」執其手而與之謀，遂使之行成于吳。曰：

『寡君句踐之無所使，使其下臣種。不敢徹聲于天王，私于下執事。曰，寡君之師徒，不足以辱君矣，願以金玉子女賂君之辱。請以句踐女，女于王；大夫女，女于大夫；士女，女于士；越國之寶器畢從；寡君帥越國之衆以從君之師徒，唯君左右之。若以越國之罪爲不可赦也，將焚宗廟，係妻孥，沉金玉于江。有帶甲五千人將以致死，乃必有偶，是以萬人事君也。無乃即傷君王之所愛乎？與其殺是人也，寧其得此國也，其孰利乎？』（卷二十越語上）夫差與之成而去之。但吳語有句踐使諸稽郢行成之事，諸稽郢亦越大夫也。（韋氏解云）『吳王夫差起師伐越，越王句踐起師逆之。大夫種乃獻謀曰：「夫吳之與越，唯天所授，王其無庸戰。夫申胥（伍員子胥）華登（韋云：『宋司馬華費遂之子。華氏作亂于宋而敗，登奔吳為大夫。』按華氏之亂在魯昭二十二年。左傳稱華登出奔楚，未言奔吳。或者登先奔楚，再入吳乎？）簡（習也）報吳國之士于甲兵，而未嘗有所挫也。夫一人善射，百夫決拾，勝未可成也。夫謀，必素見成事焉而後履之，不可以授命。王不如設戎辭約行成以喜其民，以廣侈吳王之心。吾以卜之于天；天若棄吳，必許吾成而不足吾也，將必寬然有伯諸侯之心焉。既罷敝其民而天奪之食，安受其燼，乃無有命矣。」越王許諾，乃命諸郢行成于吳。曰：

『「寡君句踐使下臣郢不敢顯然布幣行禮，敢私告于下執事。曰，昔者越國見禍，得罪于天王（韋云謂傷闔廬）。天王親趨玉趾，以心孤句踐而又宥赦之。君王之于越也，繄（是也）起死人而肉白骨也。孤不敢忘天災，其敢忘君王之大賜乎？今句踐申（韋云重也）禍無良，草鄙之人敢忘天王之大德，而思邊垂之小怨，以重得罪于下執事！句踐用帥二三之老，親委重罪，頓顙于邊。今君王不察，盛怒屬兵，將殘伐越國。越國固貢獻之邑也，君王不以鞭箠使之，而辱軍士使寇令焉。句踐請盟：一介嫡女執箕箒以晐（備也）姓于王宮，一介嫡男奉槃匜以隨諸御。春秋貢獻，不解于王府。天王豈辱裁之，亦征諸侯之禮也。夫諺曰：「狐埋之而狐搰（發也）之，是以無成功」。今天王既封植越國，以明聞于天下，而又刈亡之，是天王之無成勞也。雖四方之諸侯，則何實以事吳。敢使下臣盡辭，唯天王秉利度義焉！」吳王許之。

『將盟，越王又使諸稽郢辭，曰：「以盟爲有益乎？前盟口血未乾，足以結信矣。以盟爲無益乎？君王舍甲兵之威以臨使之，而胡重于鬼神而自輕也？」吳王乃許之，荒成不盟。』韋云：「荒，空也。」

按越語既有『願以金玉子女賂君之辱：請句踐女，女于王；大夫女，女于大夫；士女，女于士；越國之國寶器畢從』之文，又載：『越人飾美女八人，納之大宰嚭。曰：「子苟赦越國之罪，又有美于此者將進之。」大宰嚭諫曰：「嚭聞古之伐國者服之而已；今已服矣，又何求焉。」夫差與之成而去之。』則是當句踐之保于會稽也，蓋先之以大夫種許以金玉子女寶器以求成。申胥諫阻，謂越實『婉約其辭以從逸王志，使淫樂于諸夏之國以自傷』，『將還玩吾國于股掌之上以得其志』，吳語 夫差未嘗無動于中，故『盛怒屬兵，將殘伐越國。』韋云：「殘伐，謂隨會稽。」 越王遂使諸稽郢『布幣行禮』，大夫種始得『因大宰嚭以成』也。吳語稱吳王荒成不盟，越語稱夫差與之成平也而去之；證以諸稽郢『前盟口血未乾足以結信』之言，然則夫椒之役，越王以大夫種及諸稽郢爲使，先已有城下之盟，而會稽之保，且成而未盟也。

第三章　戰國時代之行人

第一節　戰國大勢

繼春秋訖秦一天下，二百六十年（公元前四八一至二二一年）爲戰國時代。善乎劉向之言曰：

『周室自文武始興，崇道德，隆禮義，設辟雍泮宮庠序之教，陳禮樂弦歌移風之化，叙人倫，正夫婦，天下莫不曉然論孝悌之義，惇篤之行。故仁義之道滿乎天下，卒致之刑錯四十餘年。遠方慕義，莫不賓服，雅頌歌詠，以思其德。下及康昭之後，雖有衰德，其紀綱尙明。及春秋時已四五百載矣。然其餘業遺烈，流而未滅。五伯之起，尊事周室。五伯之後，時君雖無德，人臣輔其君者，若鄭之子產，晋之叔向，齊之晏嬰，挾君輔政，以並立于中國，猶以義相支持：歌說相感，聘覲以相交，期會以相一，盟誓以相救。天子之命，猶有所行，會享之國，猶有所耻。小國得有所依，百姓得有所息。……及春秋之後，衆賢輔國者既沒，而禮義衰矣。孔子雖論詩書，定禮樂，王道粲然分明；以匹夫無勢，化之者七十二人而已，皆天下之俊也，時君莫尙之，是以王道遂用不興。故曰：非威不立，非勢不行。

『仲尼既沒之後，田氏取齊，六卿分晋，道德大廢，上下失序。至秦孝公捐禮讓而貴戰爭，弃仁義而用詐譎，苟以取強而已矣。夫篡盜之人，列爲侯王（按謂威烈王二十三年（公元前四〇三年）王命晋大夫魏斯趙籍韓虔爲諸侯。安王一六年（公元前三八六年）命齊大夫田和爲諸侯。，詐譎之國，興立爲強。是以轉相放效，後生師之。遂相吞滅，並大兼小，暴師經歲，流血滿野：父子不相親，兄弟不相安，夫婦離散，莫保其命，湣然道德絕矣。晚世益甚。萬乘之國七，千乘之國五，敵侔爭權，蓋爲戰國。貪饕无耻，競爭无厭，國異政教，各自制斷。上無天子，下無方伯。力功爭強，勝者爲右，兵革不休，詐僞並起。當此之時，雖有道德，不得施謀。有設之強，負阻而恃固，連與交質，重約結誓，以守其國。故孟子孫卿儒術之士，弃捐於世，而游說權謀之徒，見貴於俗。是以蘇秦、張儀、公孫衍、陳軫、代、厲、之屬，生從橫短長之說，左右傾側。蘇秦爲從，張儀爲橫。橫則秦帝，從則楚王。所在國重，所去國輕。然當此之時，秦國最雄，諸侯方弱。蘇秦結從之時，六國爲一，以儐背秦。秦人恐懼，不敢闚兵於關中。天下不交兵者，二十有九年。』戰國策書錄

向之敘錄，於春秋戰國時代之遞嬗及其大勢，已能概括舉張。蓋自春秋而後，其善鬪而健存者，曰秦、齊、楚、魏、趙、韓、燕，是爲萬乘七國。其幸而後亡者，曰東周、西周、宋、衛、中山，是爲千乘五國。戰國初期，天下之疆，莫如梁晉。其後齊梁分伯，繼而齊秦爭雄，終之秦一六國。其間人才輩出，百家爭鳴。時君世主，力征經營，競卑身厚幣以招賢者。於是從橫家名貴諸侯，客卿之盛，乃爲戰國時代政治之一大特點。

抑客卿之制，春秋時代已肇其端。秦穆公獲百里奚於虞，得由余於戎，求丕豹公孫枝子桑於晉，遂伯西戎。苗賁皇楚人也，晉用之以敗楚。伯嚭伍員亦楚人也，吳用之以罷楚。此春秋時代客卿之顯

者。及秦孝公用衛公孫鞅，以耕戰伯；其後權相，若應侯范雎，魏人也；剛成君蔡澤，燕人也；文信君呂不韋，濮陽人也；皆非秦產也。燕昭王之求賢，師始郭隗。於是樂毅自魏往，它士爭湊燕，幾殘齊國。至若蘇秦、張儀、公孫衍（即犀首）、陳軫、蘇代、蘇厲、之流，朝秦暮楚，嘗一時佩數國相印。『黃金萬鎰爲用，轉轂連騎，炫熿於道』，『伏軾撙銜，橫歷天下。廷說諸侯之王，杜左右之口，天下莫之能伉』（國策卷三蘇秦說秦）焉。

第二節　戰國時代之從橫家

漢書藝文志稱：『從橫家者流，蓋出於行人之官。孔子曰：「誦詩三百，使於四方，不能顓對，雖多亦奚以爲？」又曰：「使乎，使乎！」（論語憲問：「蘧伯玉使人於孔子，孔子與之坐而問曰，夫子何爲？對曰，夫子欲寡其過而未能也。使者出。子曰，使乎，使乎！」）言其當權事制宜，受命而不受辭，此其所長也。及邪人爲之，則上詐諼而弃其信。』諸子出於王官之說，今人已闢之。行人守禮重義，講信修睦，以視從橫捭闔之士之杖謀詐取富貴者，洵大異其趣。然『戰國之時，君德淺薄，爲之謀策者，不得不因勢而爲資。故其謀，扶急持傾，爲一切之權。雖不可以臨國，教化兵革，亦救急之勢也。皆高才秀士，度時君之所能行，出奇策異智，轉危爲安，運亡爲存，亦可喜皆可觀。』（書錄）彼從橫家者，運其利口巧辭，常『甲兵不出於軍而敵國勝，衝櫓不施而邊城降』，『雖有百萬之軍，比之堂上，雖有吳起之將，禽之戶內。千丈之城，拔之尊俎之間，百尺之衝，折之衽席之上。』（書錄）亦一時之尙也。爲從橫說士選。

一、蘇 秦 （蘇代坿）

蘇秦者，東周雒陽人也。周顯王三十六年（公元前三三三年，齊威王二十五年），燕文侯卒，易王立。齊威王因燕喪伐之，取十城（按國策史記俱稱齊宣王因喪伐燕，今依錢穆先秦諸子繫年，蘇秦考，爲威王。）。易王謂蘇秦曰：『往日先生至燕，而先王資先生見趙，遂約六國從。今齊先伐趙，次至燕，以先生之故，爲天下笑。先生得爲燕復侵地乎？』蘇秦曰：『請爲王取之』。（史記蘇秦傳）因爲燕見齊王：

『再拜而賀，因仰而弔。齊王桉劍而卻，曰：「此一何慶弔相隨之速也」？對曰：「人之飢所以不食鳥喙者，以爲雖偷充腹而與死同患也。今燕雖弱小，彊秦之少婿也（易王爲太子時，秦惠王以其女爲太子婦。）。王利其十城，而深與彊秦爲仇；今使弱燕爲雁行而彊秦制其後，以招天下之精兵，此食鳥喙之類也。」齊王曰：「然則奈何」？對曰：「聖人之制事也，轉禍而爲福，因敗而爲功。王能聽臣，莫如歸燕之十城，卑辭以謝秦。秦知王以己之故歸燕城也，秦必德王；燕無故而得十城，燕亦德王，是弃彊仇而立厚交也。且夫燕秦之俱事齊，則大王號令天下皆從，是王以虛辭附秦，而以十城取天下也。此伯王之業也。所謂轉禍爲福，因敗爲功者也。」齊王大說。乃歸燕城，以金千斤謝其後，頓首塗中，願爲兄弟而請罪於秦。』（國策卷二十九燕一）

『人有惡蘇秦於燕王者，曰：「武安君（蘇秦封號）天下不信人也。王以萬乘下之，尊之於廷，示天下與小人羣也。」武安君從齊來，而燕王不館（史記作官）也。謂燕王曰：「臣，東南之鄙人也。見足下，身無咫尺之功，而足下迎臣於郊，顯臣於廷。今臣爲足下使，利得十城（按史記作：「今臣爲王卻齊之兵，攻得十城。」與說齊還城事不符。仍以策文爲是。），功存危燕。足下不聽臣者，人必有言臣不信，傷臣於王者。臣之不信，是足下之福也。使臣信如尾生，廉如伯夷，孝如曾參，三者天下之高行，而以事足下，不可乎？」燕王曰：「可」。曰：「有此臣亦不事足下矣。且夫孝如曾參，義不離親一夕宿於外，足下安得使之之齊？廉如伯夷，不取素飧，汙武王之義而不臣焉，辭孤竹之君，餓而死於首陽之山。廉如此者，何肯步行數千里而事弱燕之危主乎？信如尾生，期而不來，抱梁柱而死，信至如此，何肯揚燕秦之威於齊而取大功乎哉？（按史記作：「孝如曾參，義不離其親一宿於外，王又安能使之步行千里而事弱燕之危王哉？廉如伯夷，義不爲孤竹君之嗣，不肯爲武王臣，不受封侯，而餓死首陽山下。有廉如此，王又安能使之步行千里而行進取於齊哉？信如尾生，與女子期於梁下，女子不來，水至不去，抱柱而死。有信如此，王又安能使之步行千里卻齊之彊兵哉？」比照之下，策文遠勝史文。）且夫信行者，所以自爲也，非所以爲人也，皆自覆之術，非進取之道也。且夫三王代興，五伯迭盛，皆不自覆也。君以自覆爲可乎？則齊不益於營丘，足下不踰楚境，不窺於邊城之外。且臣有老母於周，離老母而事足下，去自覆之術，而謀進取之道；臣之趨，固不與足下合者。足下，自覆之君也，僕者進取之臣也，所謂以忠信得罪於君者也。」

『燕王曰：「夫忠信又何罪之有也」？對曰：「足下不知也。臣鄰家有遠爲吏者，其妻私人。其夫且歸，其私之者憂之。其妻曰：公勿憂也，吾已爲藥酒以待之矣。後二日，夫至，妻使妾奉卮酒進之。妾知其藥酒也，進之則殺主父，言之則逐主母。乃陽僵弃酒。主父大怒而笞之。故妾一僵而弃酒，上以活主父，下以存主母也。忠至如此，然不免於笞，此以忠信得罪者也。臣之事，適不幸而有類妾之弃酒也。且臣之事足下，亢義益國，今乃得罪，臣恐天下後事足下者，莫敢自必也。且臣之說齊，曾不欺之也。使之說齊者，莫如臣之言也，雖堯舜之智，不敢取也。」』國策卷二十九燕一

燕王復其官，益厚遇之。

蘇秦弟蘇代。

周赧王十五年公元前三〇〇年，楚懷王二十九年，韓襄王十二年。，『楚入雍氏，楚人敗。』竹書紀年 國策有蘇代爲西周君紓難之記載。

『雍氏之役楚攻韓圍雍氏，韓徵甲與粟於周。周君患之，告蘇代。蘇代曰：「何患焉，代能爲君令韓不徵甲與粟於周，又能爲君得高都。」韓邑 周君大說。曰：「子苟能，寡人請以國聽。」蘇代遂往見韓相國公中韓公侈。曰：「公不聞楚計乎？昭應楚將也謂楚王曰：韓氏罷於兵，倉廩空，無以守城，吾收之以飢，不過一月必拔之。今圍雍氏五月不能拔，是楚病也，楚王始不信昭應之計。今乃徵甲及粟於周，此告楚病也。昭應聞此，必勸王益兵守雍氏，雍氏必拔。」公中曰：「善。然吾使者已行矣。」代曰：「公何不以高都與周」？公中怒曰：「吾無徵甲與粟於周，亦已多矣；何爲與高都？」代曰：「與之高都，則周必折而入於韓。秦聞之，必大怒而焚周之節，不通其史，是公以敝高都得完周也，何不與也？」公中曰：「善」。不徵甲與粟於周，而與高都。楚卒不拔雍氏而去。』國策卷二西周

此眞所謂『扶急持傾，拔城奪沮』者矣。

蘇秦說六國合從之事，由來豔稱之；且炫於史策所載蘇秦游說文辭之美好，遂亦不暇參驗當時列國疆理之變遷，強弱之情實，以爲信有蘇秦張儀一從一橫之事。縱有一二考信之士，摘其虛妄之端，猶未能揭其異時類事傅會之跡也。錢穆作先秦諸子繫年考辨，就蘇秦張儀之時代，以發其說辭所稱引之事跡，及其所與爲說之王侯，皆非蘇秦張儀所及見。更從當時列國疆理，彊弱情勢，斷定『自蘇秦未死之前，固絕無六國合從擯秦之必需，亦絕無六國合從擯秦之可能，又絕無六國合從擯秦之痕跡』；『終張儀之世，亦絕無六國相率事秦之痕跡。』而史策所載蘇秦說七國辭，『全不可信，皆出後人飾托，非當時實況。』(錢著：蘇秦考) 援證立論俱矜審。余按蘇秦說秦云：『西有巴蜀漢中之利，南有巫山黔中之限，東有肴函之固』，錢氏謂『諸地入秦皆遠在後，蘇秦豈得先及？』已足證說辭之不可信。復考蘇秦說楚，楚王語蘇秦，曰：『寡人之國，西與秦接境，秦有舉巴蜀漢中之心。』云『秦有舉巴蜀漢中之心』，正明當蘇秦游說時巴蜀漢中之尚非秦有，與云『秦有吞天下之心』，爲秦尚未一天下之語意同。此又飾說者之但求辭藻煊染，忘其所以，自陷矛盾而不之覺，可爲錢說之一助者也。(補注)

補注：按史記蘇秦傳太史公曰：「異時事有類之者皆附之蘇秦。」為太史公疑蘇秦合從之證

二、張　儀

張儀者，魏人也。一爲魏相，再相於秦。秦惠文王後元六年(公元前三一三年 楚懷王一六年)：『秦欲伐齊，齊楚之交善，惠王患之，謂張儀曰：「吾欲伐齊，齊楚方懽，子爲寡人慮之，奈

何？」張儀曰：「王其爲臣約車幷幣，臣請試之。」

『張儀南見楚王，曰：「敝邑之王所甚說者無大大王，唯儀之所甚願爲臣者，亦無大大王。敝邑之王所甚憎者，亦無先齊王，唯儀之甚憎者，亦無大齊王。今齊王之罪其於敝邑之王甚厚，敝邑欲伐之，而大國與之懽高誘注：懽猶合也，是以敝邑之王不得事令，而儀不得爲臣也。大王苟能閉關絕齊，臣請使秦王獻商於之地方六百里。若此，齊必弱；齊弱，則必爲王役矣。則是北弱齊，西德於秦，而私商於之地以爲利也，則此一計而三利俱至。」

『楚王大悅，宣言之於朝廷。曰：「不穀得商於之地方六百里」。羣臣聞見者畢賀。陳軫後見，獨不賀。楚王曰：「不穀不煩一兵，不傷一人，而得商於之地六百里，寡人自以爲智矣。諸大夫皆賀，子獨不賀，何也？」陳軫對曰：「臣見商於之地不可得而患必至也，故不敢妄賀。」王曰：「何也」？對曰：「夫秦所以重王者，以王有齊也。今地未可得而齊先絕，是楚孤也；秦又何重孤國？且先出地絕齊，秦計必弗爲也；先絕齊後責地，且必受欺於張儀，受欺於張儀，王必惋之。是西生秦患，北絕齊交，則兩國兵必至矣。」楚王不聽。曰：「吾事善矣，子其弭口無言，以待吾事！」

『楚王使人絕齊，使者未來，又重絕之。張儀反秦，使人使齊，齊秦之交陰合。楚因使一將軍受地於秦。張儀至，稱病不朝。楚王聞之，曰：「張子以寡人不絕齊乎」？乃使勇士往詈齊王。張儀知楚絕齊也，乃出，見使者。曰：「從某至某廣袤六里」。使者曰：「臣聞六百里，不聞六里！」

儀曰：「儀固以小人安得六百里」？使者反，報楚王。楚王大怒，欲興師伐秦。陳軫曰：「臣可以言乎」？王曰：「可矣」。軫曰：「伐秦非計也，王不如因而賂之一名都，與之伐齊，是我亡於秦而取償於齊也，楚國不尙全乎？王今已絕齊，而責欺於秦，是吾合齊秦之交也，國必大傷。」楚王不聽，遂舉兵伐秦，秦與齊合韓氏從之，楚兵大敗於杜陵。』國策卷四秦二

三、陳　軫

陳軫者，夏人也。習於三晉之事。游仕秦楚齊魏，四國皆重之。

『楚懷王六年公元前三二三年，周顯王四六年，齊威王三五年，魏惠王後元十二年。，楚使柱國昭陽將兵而攻魏，破之於襄陵，得八邑齊策作：「覆軍殺將得八城。」。又移兵而攻齊，齊王患之。陳軫適爲秦使齊。齊王曰：「爲之奈何」？陳軫曰：「王勿憂，請令罷之。」』史記楚世家

『陳軫爲齊王使，見昭陽，再拜賀戰勝。起而問：「楚之法，覆軍殺將，其官爵何也？」昭陽曰：「官爲上柱國，爵爲上執珪。」陳軫曰：「貴異於此者何也」？曰：「唯令尹耳」。陳軫曰：「令尹貴矣，王非置兩令尹也，臣竊爲公譬可也。楚有祠者，賜其舍人卮酒。舍人相謂曰：數人飲之不足，一人飲之有餘。請畫地爲蛇，先成者飲酒。一人蛇先成，引酒且飲之。乃左手持卮，右手畫蛇。曰：吾能爲足。未成；一人之蛇成，奪其卮。曰：蛇固無足，子安能爲之足？遂飲其酒。爲蛇足者終亡其酒。今君相楚而攻魏，破軍殺將得八城，不弱兵欲攻齊，齊畏公甚。公以是

爲名居足矣，官之上非可重也。戰無不勝而不知止者，身且死，爵且後歸，猶爲蛇足也。」昭陽以爲然，解軍而去。』國策卷九 陳軫與張儀爲政敵，儀數惡軫於秦惠王。秦策：

『陳軫去楚之秦，張儀謂秦王，曰：「陳軫爲王臣，常以國情輸楚。儀不能與從事，願王逐之。卽復之楚，願王殺之。」王曰：「軫安敢之楚也」！王召陳軫告之。曰：「吾能聽子言，子欲何之？請爲子車約。」對曰：「臣願之楚」。王曰：「儀以子爲之楚，吾又自知子之楚；子非楚，且安之也？」軫曰：「臣出，必故之楚，以順王與儀之策，而明臣之楚與不也。楚人有兩妻者，人誂其長者，長者詈之；誂其少者，少者許之。居無幾何，有兩妻者死，客謂誂者曰：汝取長者乎？少者乎？曰：取長者。客曰：長者詈汝，少者和汝，汝何爲取長者？曰：彼居人之所，則欲其許我也；今爲我妻，則欲其爲我詈人也。今楚王明主也，昭陽賢相也，軫爲人臣而常以國情輸楚，楚王懷王也必不留臣，昭陽將不與臣從事矣。以此明臣之楚與不。」

『軫出，張儀入問王，曰：「陳軫果安之」？王曰：「夫軫，天下之辯士也。孰視寡人曰：「軫必之楚」，寡人遂無奈何也。」寡人問曰：「子必之楚也，則儀之言果信矣。」軫曰：「非獨儀之言也，行道之人皆知之。昔者子胥忠於其君，天下皆欲以爲臣；孝已高誘云：殷高宗戊丁之子。愛其親，天下皆欲以爲子。故賣僕妾不出里巷而取者，良僕妾也；出婦嫁於鄉里者，善婦也。臣不忠於王，楚何以爲臣乎？軫爲忠見弃，軫不之楚而何之乎？」』國策卷三

秦王以爲然，遂善待之。軫之辯及善取譬皆此類也。軫後仕魏。公元前二九八年，魏襄哀王二十一年，齊湣王三年，韓

襄王十四年，秦昭襄王九年。

『秦伐魏，陳軫合三晉而東高誘云：軫時仕魏。謂齊王曰：「古之王者之伐也，欲以正天下而立功名以為後世也。今齊楚燕趙韓梁六國之遞甚也，不足以立功名，適足以彊秦而自弱也，非山東之上計也。能危山東者，彊秦也，不憂彊秦而遞相罷弱，而兩歸其國於秦，此臣之所以為山東之患。天下為秦相割，秦曾不出力；天下為秦相烹，秦曾不出薪。何秦之智而山東之愚邪？願大王之察之也！」

『古之五帝三王五伯之伐也，伐不道者。今秦之伐天下不然，必欲反之；主必死辱，民必死虜。今韓梁之目未嘗乾而齊民獨不也，非齊親而韓梁疏也，齊遠秦而韓梁近。今齊將近矣。今秦欲攻梁絳安邑，秦得絳安邑以東下河，必表裏河而東攻齊，舉齊屬之海。南面而孤楚韓梁，北面而孤燕趙齊，無所出其計矣。願王熟慮之！今三晉已合矣，復為兄弟，約而出銳師以戍梁絳安邑，此萬世之計也。齊非急以銳師合三晉，必有後憂。三晉合，秦必不敢攻梁，必南攻楚。楚秦構難，三晉怒齊不與己也，必東攻齊。此臣之所謂齊必有大憂，不如急以兵合於三晉。齊王諾，果以兵合於三晉。』國策卷八齊一

按史記魏世家襄王二十一年：『與齊韓共敗秦軍函谷』。韓世家釐王十四年：『與齊魏共擊秦，至函谷而軍焉』。田完敬仲世家湣王二十六年：『與韓魏共攻秦，至函谷軍焉。』三世家所記，實為一事。惟韓釐王之立，適當魏襄王之卒，齊湣王亦無二十六年錢穆諸子繫年通表第四。但史公於魏世家曰：『敗

秦軍函谷』，於田韓世家曰：『至函谷而軍』，主從之勢甚明，顯示晉齊聯軍，魏爲盟主，而陳軫則爲之合從。其曰『合三晉』而不及趙者，或者舉韓魏以概括之也？

四、孟　嘗　君

孟嘗君，名文，姓田氏，薛公田嬰之子也。嗣田嬰立於薛，招致諸侯賓客，及亡人有罪者皆歸之。時秦當昭襄王（公元前三〇六至二五一年），稍蠶食諸侯，山東之國苦其侵伐，相驚『秦患』。秦昭襄王八年（公元前二九九年），孟嘗君入相秦。次年，歸，相齊湣王；其後數年，相魏昭王。昭王之十三年（公元前二八三年），秦伐魏，取安城，兵到大梁。孟嘗君爲求救於燕趙。魏策：

『秦將伐魏，魏王聞之，夜見孟嘗君告之。曰：「秦且攻魏，子爲寡人謀，奈何？」孟嘗君曰：「有諸侯之救，則國可存也。」王曰：「寡人願子之行也」！重爲之約車百乘。

『孟嘗君之趙，謂趙王（惠文王）曰：「文願借兵以救魏」！趙王曰：「寡人不能」。孟嘗君曰：「夫敢借兵者以忠王也」。王曰：「可得聞乎」？孟嘗君曰：「夫趙之兵非彊於魏之兵，魏之兵非弱於趙也。然而趙之地不歲危而民不歲死，而魏之地歲危而民歲死者，何也？以其西爲趙蔽也。今趙不救魏，魏歃盟於秦，是趙與彊秦爲界也，地亦且歲危民亦且歲死矣。此文之所以忠於大王也。」趙王許諾，爲起兵十萬，車三百乘。

『又北見燕王（昭王）曰：「先日公子常約兩王之交矣，今秦且攻魏，願大王之救之！」燕王曰：

「吾歲不熟二年矣，今又行數千里而以助魏，且奈何？」田文曰：「夫行數千里而救人者，此國之利也。今魏王出國門而望見軍，雖欲行數千里而助人可得乎？」燕王尚未許也。田文曰：「臣效便計於王，王不用臣之忠計，文請行矣；恐天下之將有大變也。」王曰：「大變可得聞乎」？曰：「秦攻魏，未能克之也，而臺已燔游已奪矣，而燕不救魏。魏王折節割地以國之半與秦，秦必去矣。秦已去魏，魏王悉韓魏之兵，又西借秦兵以因趙之衆，以四國攻燕，王且何利：利行數千里而助人乎？利出燕南門而望見軍乎？則道里近而輸又易矣，王何利？」燕王曰：「子行矣，寡人聽子。」乃爲之起兵八萬，車二百乘以從田文。魏王大說，曰：「君得燕趙之兵甚衆且亟矣」。秦王大恐，割地請講於魏。魏因歸燕趙之兵而封田文。』國策卷二十四

第三節　列國之行人

上節所選蘇秦蘇代張儀陳軫田文皆游仕諸侯，故列入從橫家。其專仕一國，而有折衝尊俎之功者，亦得數人焉。

第一目　東周之行人

一、顏　率

顏率，仕於東周。國策東周：

『秦興師臨周而求九鼎，周君患之，以告顏率。顏率曰：「大王勿憂，臣請東借救於齊。」顏率至齊，謂齊王（威王）曰：「夫秦之爲無道也，欲興兵臨周而求九鼎。周之君臣，內自畫計，與秦不若歸之大國。夫存危國美名也，得九鼎厚寶也，願大王圖之！」齊王大悅。發師五萬人使陳臣思將以救周，而秦兵罷。

『齊將求九鼎，周君又患之。顏率曰：「大王勿憂，臣請東解之。」顏率至齊，謂齊王曰：「周賴大國之義，得君臣父子相保也，願獻九鼎，不識大國何塗之從而致之齊？」齊王曰：「寡人將寄徑於梁」。顏率曰：「不可。夫梁之君臣欲得九鼎，謀之暉臺之下，少海之上其日久矣。鼎入梁，必不出。」齊王曰：「寡人將寄徑於楚」。對曰：「不可。楚之君臣欲得九鼎，謀之於業庭之中其日久矣。若入楚，鼎必不出。」王曰：「寡人終何塗之從而致之齊」？顏率曰：「敝邑固竊爲大王患之。夫鼎者，非效醯壺醬甀耳，可懷挾提挈以至齊者。非效鳥集烏飛馬逝，灕然止於齊者。昔周之伐殷，得九鼎，凡一鼎而九萬人輓之，九九八十一萬人，士卒師徒器械被具所以備者稱此。今大王縱有其人，何塗之從而出？臣竊爲大王私憂之。」齊王曰：「子之數來者，欲無與耳。」顏率曰：「不敢欺大國，疾定所從出，敝邑遷鼎以待命！」齊王乃止。』（國策卷一）

按史記周秦本紀及田完世家，皆不載秦求九鼎之事。惟田完世家桓公午五年，有田臣思其人，與騶忌（卽鄒忌）段干朋（國策作段干綸）參謀救韓。索隱：『陳臣思，戰國策作田期思，紀年謂之徐州子期，蓋卽田忌也。』顏率於齊梁之君，俱謂之王，則此事之發生，其在齊梁會徐州相王（公元前三三四年周顯王三十五年）之後乎？又按國策注於周謂顯王，於齊謂宣王，但周顯齊宣並不同時。

第二目　齊之行人

張丐

齊梁相王之次歲（公元前三三三年，齊威王二十五年，楚威王七年，魯景公十一年。），楚伐齊，敗之。圍徐州。齊策：

『楚將伐齊，魯親之。齊王患之。張丐曰：「臣請令魯中立」。乃爲齊見魯君。魯君曰：「齊王懼乎」？曰：「非臣所知也。臣來弔足下。」魯君曰：「何弔」？曰：「君之謀過矣，君不與勝者而與不勝者，何故也？」魯君曰：「子以爲齊楚爲孰勝哉」？對曰：「鬼且不知也」。「然則子何以弔寡人」？曰：「齊楚之權敵也，不用有魯與無魯。足下豈如全衆而合二國之後哉？楚大勝齊，其良士選卒必殪，其餘兵（疑脫一不字）足以待天下；齊爲勝，其良士選卒必殪；而君以魯衆合戰勝後，此其爲德也亦大矣。」魯君以爲然，身退師。』（國策卷八）

第三目　韓之行人

張翠

韓策：

『楚圍雍氏五月，韓令使者求救於秦，冠蓋相望也，秦兵不下殽。韓又令尚靳使秦，謂秦王曰：

「韓之於秦也，居爲隱蔽，出爲雁行。今韓已病矣，秦師不下殽。臣聞之，脣揭者其齒寒，願大王之熟計之。」宣太后（昭襄王母方用事）曰：「使者來者衆矣，獨尙子之言是。」召尙子入。宣太后謂尙子曰：「妾事先王（惠文王）也，先王以其髀加妾之身，妾困不支也。盡置其身妾之上，而妾弗重也。何也？以其少有利焉。今佐韓，兵不衆粮不多則不足以救韓。夫救韓之危，日費千金，獨不可使妾少有利焉？」

『尙靳歸書報韓王，韓王遣張翠。張翠稱病，日行一縣。張翠至，甘茂曰：「韓急矣，先生病而來。」張翠曰：「韓未急也，且急矣。」甘茂曰：「秦重（訓舉）國知之也，韓之急緩莫不知，今先生言不急，可乎？」張翠曰：「韓急則折而入於楚矣，臣安敢來？」甘茂曰：「先生毋復言也」。

『甘茂入言秦王曰：「公仲（韓相）柄得秦師，故敢捍楚。今雍氏圍而秦師不下殽，是無韓也，公仲且抑首而不韓，公叔且以國南合於楚。楚韓爲一，魏氏不敢不聽，是楚以三國謀秦也。如此，則伐秦之形成矣。不識坐而待伐，孰與伐人之利？」秦王曰：「善」。果下師於殽以救韓』。（國策卷二十七）

第四目　趙之行人

一、藺相如

藺相如者，趙人也，爲趙宦者繆賢舍人。趙惠文王時，得楚和氏璧。秦昭王聞之，使人遺趙王書，願以十五城請易璧。趙王與諸大臣謀：欲予秦，秦城恐不可得，徒見欺；欲勿予，即患秦兵之來。計未定，求人可使報秦者，未得。宦者令繆賢言藺相如可使，於是王召見，問藺相如。曰：『秦王以十五城請易寡人之璧，可予不？』相如曰：『秦彊而趙弱，不可不許。』王曰：『取吾璧，不予我城，奈何？』相如曰：『秦以城求璧而趙不許，曲在趙；趙予璧而秦不予趙城，曲在秦。均之二策，寧許以負秦曲。』王曰：『誰可使者』？相如曰：『王必無人，臣願奉璧往，使城入趙而璧留秦。城不入，臣請完璧歸趙。』

相如遂奉璧西入秦 公元前二八三年 周赧王三十二年 ，秦王坐章臺見相如。相如奉璧奏秦王，秦王大喜，傳以示美人及左右，左右皆號萬歲。相如視秦王無意償趙城，乃前曰：『璧有瑕，請指示王。』王授璧。相如因持璧，卻立倚柱，怒，髮上衝冠。謂秦王曰：

『大王欲得璧，使人發書至趙王，趙王悉召羣臣議，皆曰：「秦貪，負其彊以空言求璧，償城恐不可得。」議不欲予秦璧；臣以爲布衣之交，尚不相欺，況大國乎？且以一璧之故，逆彊秦之驩，不可。於是趙王乃齋戒五日，使臣奉璧，拜送書於庭。何者？嚴大國之威以修敬也。今臣至，大王見臣列觀，禮節甚倨。得璧，傳之美人以戲弄臣。臣觀大王無意償趙王城邑，故臣復取璧。大王必欲急臣，臣頭今與璧俱碎於柱矣。』

因持其璧睨柱，欲以擊柱。

秦王恐其破璧，乃辭謝固請。召有司案圖，指從此以往十五都予趙。相如度秦王特以詐佯爲予趙城，實不可得。乃謂秦王曰：『和氏璧，天下所共傳也。趙王恐，不敢不獻。趙王送璧時，齋戒五日。今大王亦宜齋戒五日，設九賓於庭，臣乃敢上璧。』秦王度璧終不可彊奪，遂許之，舍相如廣成傳舍。相如度秦王雖齋，決負約不償城。乃使其從者衣褐，懷璧從徑道亡，歸璧於趙。

秦王齋戒五日後，乃設九賓禮於庭，引趙使者藺相如。相如至，謂秦王曰：

『秦自繆公以來，二十餘君，未嘗有堅明約束者也。臣誠恐見欺於王而負趙，故令人持璧歸，間至趙矣。且秦彊而趙弱，大王遣一介之使至趙，趙立奉璧來。今以秦之彊，而先割十五都予趙，趙豈敢留璧而得罪於大王乎？臣知欺大王之罪當誅，臣請就湯鑊。唯大王與羣臣孰計議之。』

秦王與羣臣相視而嘻。左右或欲引相如去。秦王因曰：

『今殺相如，終不能得璧也，而絕秦趙之驩。不如因而厚遇之，使歸趙。趙王豈以一璧之故欺秦邪？』

卒廷見相如，禮畢而歸之。

相如既歸，趙王以爲賢，使不辱於諸侯，拜爲上大夫。秦亦不以城予趙，趙亦終不予秦璧。

其後二年，秦伐趙，拔石城徐廣曰：『趙惠文王十八年。』按卽秦昭襄王二十六年，公元前二八一年。。明年公元前二八〇年，復攻趙，殺二萬人。秦王使使者告趙王，欲與爲好，會於西河外澠池。趙王畏秦，欲毋行。廉頗藺相如計曰：『王不行，示趙弱且怯也。』趙王遂行，相如從，遂與秦王會澠池。秦王飲酒酣，曰：『寡人竊聞趙王好音，請奏瑟。』藺相如前曰：『趙王竊聞秦王善爲秦聲，請奉盆缻秦王，以相娛樂。』秦王怒，不許。於是相如前進缻，因跪請秦王，秦王不肯擊缻。相如曰：『五步之內，相如請得以頸血濺大王矣。』左右欲刃相如。相如張目叱之，左右皆靡。於是秦王不懌，爲一擊缻。相如顧召趙御史書曰：『某年月日，秦王爲趙王擊缻。』秦之羣臣曰：『請以趙十五城爲秦王壽』。藺相如亦曰：『請以秦之咸陽爲趙王壽』。秦王竟酒，終不能加勝於趙。趙亦盛設兵以待，秦不敢動。既罷，歸國，以相如功大，拜爲上卿。（史記廉藺列傳）

以城易璧與澠池之會爲秦趙間兩大外交事件，皆至難處也。相如以弱趙而挫彊秦，完璧全尊。戰國行人，殆無出其右者矣。

二、鄭　朱

趙策：

『秦攻趙，藺、離石、祁、拔。趙以公子郚爲質於秦，而請內焦、黎、牛狐之城以易藺、離石、祁於趙。趙背秦不予焦、黎、牛狐。秦王（昭襄王）怒，令公子繒請地。趙王（惠文王）乃令鄭朱（史記虞卿傳：「鄭朱貴人也。」）對曰：「夫藺、離石、祁、之地曠遠於趙而近於大國，有先王之明與先臣之力，故能有之。今寡人不逮，其社稷之不能恤，安能收恤藺、離石、祁、乎？寡人有不佞之臣，實爲此事也，非寡人之所敢知。」卒倍秦。秦王大怒，令衞胡易、伐趙，攻閼與。趙奢將救之，魏令公子咎以銳師居安邑以挾秦，秦敗於閼與。』（國策卷二十）

按胡易，史記作胡傷，於秦官中更。史記秦本紀：『昭襄王三十七年（趙惠文王二九年公元前二七〇年），中更胡傷攻趙閼與，不能取。』趙世家：『惠文王二十九年，秦韓相攻而圍閼與，趙使趙奢將擊秦，大破秦軍閼與下。』是役蓋由鄭朱之拒割地，遂三晉與秦交兵也。

第五目　楚之行人

黃歇

黃歇，楚人。『游學博聞，事楚頃襄王。頃襄王以歇爲辯，使於秦。秦昭王使白起攻韓魏，敗之於華陽，禽魏將芒卯公元前二七三年，秦昭襄王三四年，楚頃襄王二六年。，韓魏服而事秦。秦昭王方令白起與韓魏共伐楚，未行，而楚使黃歇適至於秦，聞秦王之計。當是之時，秦已前使白起攻楚，取巫黔中之郡公元前二七九年，拔鄢郢，東至竟陵，楚頃襄王東徙治於陳縣公元前二七八年。黃歇見楚懷王之爲秦所誘而入朝，遂見欺，留死於秦公元前二九六年，頃襄王其子也，秦輕之，恐一舉而滅楚。』史記春申君列傳 說昭王曰：

『天下莫彊於秦楚，今聞大王欲伐楚，此猶兩虎相鬬而駑犬受其敝，不如善楚。臣請言其說：

『臣聞之，物至而反，冬夏是也，致至而危，累棊是也。今大國之地，半天下有二垂，此從生民以來，萬乘之地未嘗有也。先帝文王莊王之身按莊王應爲武王。史記秦本紀，孝公而下爲惠文王，武王，昭襄王；昭襄王而下爲孝文王，莊襄王，始皇。昭襄王『二十八年，大良造白起攻楚，取鄢郢；二十九年，大良造白起攻楚，取郢爲南郡，楚王走』，適當楚頃襄王二十年，二十一年事。昭王爲武王異母弟，莊王則昭王孫也。國策高誘注既未明莊王爲武王之誤，遂謂文王始皇祖，莊王始皇父，不知文王爲惠文王，非孝文王。史公遂緣策文而誤。，三世不忘接地於齊，以絕從親之要。今王使盛橋守事於韓，盛橋以北入燕史記作：『盛橋以其地入秦』，是王不用甲不信威而出史記作得百里之地，王可謂能矣。王又舉甲兵而攻魏，杜大梁之門公元前二八三年，秦昭襄王二十四年。，舉河內，拔燕酸棗，虛桃人，楚燕史記作魏之兵雲翔不敢校，王之功亦多矣。王休甲息衆二年，然後復之。又取蒲衍首垣，以臨仁、平邱、黃、濟陽、嬰城，而魏氏服矣。王又割濮之北，斷齊秦之要，絕楚魏之脊，天下五合六聚而不敢救也，王之威亦單（單同憚，言足畏也。）矣。王若能持功守威，省攻伐之心，而肥仁義之誡，使無復後患，三王不足四，五伯不足六也。王若負人徒之衆，仗兵甲之彊，乘毀魏之威，而欲以力臣天下之主，臣恐有後患。

『詩云：「靡不有初，鮮克有終。」易：「狐濡其尾」。此言始之易終之難也。何以知其然也？智氏（智伯瑤）見伐趙之利，而不知榆次之禍也；吳見伐齊之便，而不知干隧之敗也。此二國者，非無大功也，設（訓大）利於前，而易患於後也。吳之信越也，從而伐齊，既勝齊人於艾陵，還爲越王禽於三江之浦。智氏信韓魏從而伐趙，攻晉陽之城，勝有日矣，韓魏反之，殺智伯瑤於鑿臺之上。今王妬楚之不毀也，而忘毀楚之彊韓魏也，臣爲大王慮而不取。詩云：「大武遠宅不涉」。從此觀之，楚國援也，鄰國敵也。詩云：「他人有心，予忖度之，躍躍毚兔，遇犬獲之。」今王中道而信韓魏之善王也，此正吳信越也。

『臣聞敵不可易，時不可失，臣恐韓魏之卑辭慮患，而實欺大國也。此何也？王既無重世之德於韓魏，而有累世之怨焉。韓魏父子兄弟接踵而死於秦者累世矣，本國殘，社稷壞，宗廟隳，刳腹折頤，首身分離，暴骨草澤，頭顱僵仆，相望於境，父子老弱，係虜相隨於路，鬼神孤傷，無所血食，百姓不聊生，族類離散，流亡爲臣妾滿海內矣。韓魏之不亡，秦社稷之憂也。今王資之與攻楚，不亦失乎？

『且王攻楚之日則惡出兵？王將藉路於仇讎之韓魏乎？兵出之日而王憂其不反也，是王以兵資於仇讎之韓魏也。王若不藉路於仇讎之韓魏，必攻隨陽右壤。隨陽右壤，此皆廣川大水山林谿谷不食之地，王雖有之，不爲得地。是王有毀楚之名，無得地之實也。且王攻楚之日，四國必悉起兵應王。秦楚之兵，構而不離，魏氏將出兵而攻留、方與、銍、胡陵、碭、蕭、相，故宋高誘云：「七邑宋邑也。宋戰國時屬楚，故言故宋。」必盡。齊人南面，泗北必舉。此皆平原四達膏腴之地也，而王使之獨攻，王破楚以肥韓魏於中國而勁齊。韓魏之彊，足以校於秦矣；齊南以泗爲境，東負海，北倚河而無後患，天下之國，莫彊於齊，齊魏得地葆利而詳事下吏，一年之後，爲帝若未能，於以禁王之爲帝有餘矣。

『夫以王壤土之博，人徒之衆，兵革之彊，一舉事而注地於楚，詘反也令韓魏歸帝重於齊，是王失計也。臣爲王慮，莫若善楚。秦楚合而爲一以臨韓，韓必授首史記作斂手。王襟以山東之險，帶以河曲之利，韓必爲關中之侯。若是，王以十萬戍鄭，梁氏寒心，許、鄢陵、嬰城、上蔡、召陵不往來也，如此而魏亦關內侯矣。王一善楚而關內兩萬乘之主，注地於齊，齊右壤可拱手而取也。是王之地，一任兩海，要絕天下也。是燕趙無齊楚，齊楚無燕趙也。然後危動燕趙，直搖齊楚，此四國者，不待痛而服矣。』國策秦四

昭王曰：『善』。於是止白起而謝韓魏，發使賂楚，約爲與國，黃歇受約而歸。及考烈王元年公元前二六三年，以黃歇爲相，封爲春申君。

第六目　魏之行人

一、須賈

須賈，仕魏爲中大夫；（史記范雎傳：「先事魏中大夫須賈」；穰侯列傳：「梁大夫須賈。」）。魏安釐王四年（公元前二七三年，秦昭襄王三四年），秦相穰侯（魏冉）與白起客卿胡傷攻魏，破芒卯於華陽下。須賈爲魏謂穰侯曰：

『臣聞魏氏大臣父兄皆謂魏王曰：「昔梁惠王伐趙，戰勝三梁，拔邯鄲，趙氏不割而邯鄲復歸。齊人攻衛，拔故國（索隱：「蓋楚丘也。」），殺子良，衛人不割而故地復反。趙衛之所以國全兵勁而地不幷於諸侯者，以其能忍難而重出地也。宋、中山數伐割地，而國隨以亡。臣以爲趙衛可法，而宋中山可爲戒也。秦，貪戾之國也，而毋親；蠶食魏氏，又盡晉國。戰勝暴子（魏將暴鳶也。史記秦本紀：「昭襄王三十二年，相穰侯攻魏，至大梁，破暴鳶，斬首四萬，鳶走。」），割八縣，地未畢入，兵復出矣。夫秦何猒之有哉？今又走芒卯，入北宅，此非但攻梁也，且劫王以求多割地，王必勿聽也。今王背楚趙而講秦，楚趙怒而去王，與王爭事秦，秦必受之。秦挾楚趙之兵以復攻梁，則求國無亡，不可得也。願王之必無講也；王若欲講（和也），少割而有質。不然必見欺。」此臣之所聞於魏也，願君王之以是慮事也！

『周書曰：「惟命不于常」，此言幸之不可數也。夫戰勝暴子，割八縣，此非兵力之精也，又非計之工也，天幸爲多矣。今又走芒卯，入北宅，以攻大梁，是以天幸自爲常也，智者不然。臣聞魏氏悉其百縣勝甲以止戍大梁，臣以爲不下三十萬。以三十萬之衆，守梁七仞之城，臣以爲湯武復生，不易攻也。夫輕背楚趙之兵，陵七仞之城，戰三十萬之衆，而志必舉之；臣以爲自天地始分以至于今，未嘗有者也。攻而不拔，秦兵必罷，陶邑必亡（穰侯封陶），則前功必棄矣。今魏氏方疑，可以少割收也。願君逮楚趙之兵未至于梁，亟以少割收魏。魏方疑而得以少割爲利，必欲之，則君得所欲矣。楚趙怒于魏之先己也，必爭事秦，從以此散，而君後擇焉。且君之得地，豈必以兵哉？割晉國，秦兵不攻，而魏必效絳安邑，又爲陶開兩道，幾盡故宋，衛必效單父。秦兵可全而君制之，何索而不得，何爲而不成？願君熟慮之而無行危。』（史記穰侯列傳）

穰侯曰：『善』。魏入南陽以和。按秦本紀以是役繫之昭襄王三十三年。茲據魏世家：『安釐王四年，秦破我及韓趙，殺十五萬人，走我將芒卯。魏將段干子請予秦南陽以和。』及穰侯列傳：「昭王三十二年，穰侯爲相國，將兵攻魏，走芒卯，入北宅，遂圍大梁」（據秦本紀是役破暴鳶，非芒卯也。），「明年（昭王三十三年），魏背秦，秦使穰侯伐魏。明年（昭王三十四年），穰侯與白起客卿胡傷復攻趙韓魏，破芒卯於華陽下，」定爲秦昭襄王三十四年。史公以須賈說穰侯辭入穰侯傳「昭王三十二年」下，但須賈稱引「戰勝暴子」，「今又走芒卯」，則穰侯白起之走芒卯爲昭王三十四年事益明。而須賈說穰侯之事，亦應於穰侯傳中後植二年，方合史實也。

二、唐　且

魏策：

『秦魏爲與國，齊楚約而欲攻魏。魏使人求救于秦，冠蓋相望，秦救不出。魏人有唐且者（史記作唐雎），年九十餘。謂魏王（安釐王）曰：「老臣請出，西說秦，令兵先臣出，可乎？」魏王再拜，遂約車而遣之。

『唐且見秦王（昭襄王）。秦王曰：「丈人芒然乃遠至，此甚苦矣！魏來求救數矣，寡人知魏之急矣。」唐且對曰：「大王已知魏之急而救不至者，是大王籌策之臣無任矣。且夫魏一萬乘之國，稱東藩，受冠帶，祠春秋者，以爲秦之彊足以爲與也。今齊楚之兵已在魏郊矣，大王之救不至；魏急則且割地而約齊楚，王雖欲救之，豈有及哉？是亡一萬乘之魏，而彊二敵之齊楚也，臣竊以爲大王籌策之臣無任矣。」秦王喟然愁悟，遽發兵，日夜赴魏。齊楚聞之，乃引兵而去。魏氏復全，唐且之說也。』（國策卷二十五）

按中外歷代大事年表（辭海附錄）：『公元前二五四年，魏舉國聽秦令。』策文稱『秦魏爲與國』，又云：『魏一萬乘之國，稱東藩，受冠帶，祠春秋』，即爲魏聽秦令之證，且正當秦昭襄王之末年也。

第四章　兩漢時代之行人

第一節　楚漢相持時漢初之外交活動

漢高帝嘗言：『乃公居馬上得天下』，夷攷其實，漢有天下，非獨武功之懋，蓋亦有外交之助焉。前漢書高帝紀：

『漢二年（公元前二〇五年），冬，十月，項羽使九江王布（英布）殺義帝於郴。』三月（漢承秦制，以十月為歲首。）：

『漢王為義帝發喪，袒而大哭，哀臨三日，發使告諸侯曰：「天下共立義帝，北面事之。今項羽殺義帝江南，大逆無道！寡人親為發喪，兵皆縞素，悉發關中兵，收三河士，南浮江漢以下；願從諸侯王，擊楚之殺義帝者。」』

此一舉措，實為楚漢搆釁之始，即漢王以義帝之被殺，為項羽大逆無道之狀，使使告諸侯，作廣泛之外交攻勢，連諸侯王申罪致討。於是田橫立田榮子廣為齊王背楚（高帝紀：『漢二年，春，正月，羽擊田榮城陽，榮敗走平原，平原民殺之，齊皆降楚。』），羽擊之；漢王亦得刼五諸侯兵（河南王申陽，韓王鄭昌，魏王豹，殷王卬，及代王陳餘也。），東伐楚，入彭城（羽都）。則初期漢聯軍之成立，由於作戰目標明確而有正義，深得興戎口實，三老董公發其端，而奔走以成其事者，則行人外交活動之功也。（按前漢書酈食其傳：『食其嘗為說客，馳使諸侯。』繫在漢三年前；又陳餘傳：『漢二年，東擊楚，使告趙，欲與俱。』雖未言食其馳使何方，及使趙者何人，要皆史家省筆，而使告諸侯擊楚者，或者即酈食其其人也。）

及楚漢相攻之際，漢之兵力殊劣，形勢至不競，每遭橈敗，輒賴外交活動，以挽回軍事危機。彭城之敗，遣隨何說英布，滎陽之困，使酈生說田廣，其最顯著者也。

第一目　隨何說英布

隨何，不知何許人，從漢王爲謁者（漢儀，掌賓贊。漢官曰：謁者，持使也。）。漢二年，夏，四月，漢王與楚大戰彭城，不利；士卒多死，諸侯亡散，室家爲虜，僅得與數十騎脫去。行收兵，軍碭，西出梁地，保虞。是爲楚漢彭城之戰，初次鬬力，漢王之挫至慘也。漢王乃謂謁者隨何曰：『公能說九江王布使舉兵畔楚，項王必留擊之；得留數月，吾取天下必矣。』（高帝紀上）何乃與二十人俱，使淮南見布。曰：

『漢王使使臣敬進書大王御者，竊怪大王與楚何親也？』淮南王（布歸漢後封淮南王）曰：「寡人北鄉而臣事之」。隨何曰：「大王與項王俱列爲諸侯，北鄉而臣事之，必以楚爲彊，可以託國也。項王伐齊，身負版築，以爲士卒先；大王宜悉淮南之衆，身自將，爲楚軍前鋒。今乃發四千人以助楚，夫北面而臣事人者，固若是乎？夫漢王戰於彭城，項王未出齊也；大王宜埽淮南之衆，日夜會戰彭城下。今撫萬人之衆，無一人渡淮者，陰拱而觀其孰勝，夫託國於人者，固若是乎？大王提空名以鄉楚，而欲厚自託，臣竊爲大王不取也。」

『然大王不背楚者，以漢爲弱也。夫楚兵雖彊，天下負之以不義之名，以其背明約而殺義帝也。然而楚王特以戰勝自彊；漢王收諸侯，還守成皐滎陽，下蜀漢之粟，深溝壁壘，分卒守徼乘塞。楚人還兵，間以梁地（按指彭越。前漢書高帝紀：『漢二年，夏，四月，彭越將三萬人歸漢，漢王拜越爲魏相國，令定梁地。』），深入敵國八九百里，欲戰則不得，攻城則力不能，老弱轉糧千里之外。楚兵至滎陽成皋，漢堅守而不動，進則不得攻，退則不能解，故楚兵不足罷也（師古曰：「不足，言易也。罷讀曰疲。」）。使楚兵勝漢，則諸侯自危懼而相救。夫楚之彊，適足以致天下之兵耳，故楚不如漢，其勢易見也。今大王不與萬全之漢，而自託於危亡之楚，臣竊爲大王或（同惑）之。

『臣非以淮南之兵，足以亡楚也。夫大王發兵而背楚，項王必留，留數月，漢之取天下，可以萬全。臣請與大王杖劍而歸漢王，漢王必裂地而分大王，又況淮南必大王有也。故漢王敬使使臣進愚計，願大王之留意也。淮南王曰：「請奉命」。陰計畔楚與漢，未敢泄。楚使者在，方急責布發兵。隨何直入曰：「九江王已歸漢，楚何以得發兵？」布愕然。楚使者起。何因說布曰：「事已構，獨可遂殺楚使，毋使歸，而疾走漢并力。」布曰：「如使者教」！因起兵而攻楚。楚使項聲龍且攻淮南，項王留攻下邑。』（前漢書英布傳）

英布者，六人也。從項王擊秦軍數有利，渡河，入關至咸陽皆爲先鋒。『楚軍常勝，功冠諸侯，諸侯兵皆服屬楚者，以布數以少敗衆也。』（英布傳）比『齊王田榮叛楚，項王往擊齊，徵兵九江，布稱病不往，遣將將數千人行。漢之敗楚彭城，布又稱病不佐楚。項王由此怨布，數使使者譙讓布；布愈恐，不敢往。項王方北憂齊趙西患漢，所與者獨布，又多其材，欲親用之，以故未擊。』（英布傳）於是隨何得乘其間隙，說布叛楚。漢王遂屯滎陽，『蕭何發關中老弱未傅者悉詣軍，韓信亦收兵與漢王合，兵復大振，與楚戰滎陽南京索間，破之。築甬道屬（師古曰：「聯也。」）河，以取敖倉粟。』（高帝紀上）此楚漢爭天下之第一關鍵，使漢王得重振軍備，據資距羽者，則隨何說布與漢牽制楚兵之效也。

按宋人劉攽爲史記前後漢書專學，司馬溫公修資治通鑑，以三史屬之。其於英布傳：

『漢之敗楚彭城，布又稱病不佐楚。項王由此怨布，數使使者誚讓布；布愈恐，不敢往。項王方北憂齊趙西患漢，所與者獨布，又多其材，欲親用之，以故未擊。漢王與楚大戰彭城，不利，出梁地，至虞。謂左右曰：「如彼等者，無足與計天下事者！」謁者隨何進曰：「不審陛下所謂」？漢王曰：「孰能爲我使淮南，使之發兵背楚，留項王於齊數月，我之取天下，可以萬全。」』

下注云：

『上文云：「漢之敗楚彭城」，此又云：「漢與楚大戰彭城，不利，出梁。」按隨何說前後殊參差。云：「漢王大戰彭城，不利，出梁地，至虞。」是則項王已去齊矣，安得復言：「留項王於齊」？及隨何自明己功，亦云：「陛下攻彭城，楚王未去齊也。」（語在布傳）然則，漢王使隨何，在未至彭城之前明矣。實說項王伐齊，召兵黥布，漢王度羽得布共伐齊，西方有變，必留布而羽自至。故欲使人說布叛楚，布叛楚，則項王必自終齊事，故必數月留，而漢可取天下矣。及隨何說布歸漢，漢果得以入彭城也。然則說辭差錯，或楚漢初記事者各不同，班氏合之，不能無誤耳。又檢高紀，二年敗彭城，三年布方歸漢，此時漢與楚相持滎陽矣。以傳文云：「項王留而攻下邑」，非事理也。卽隨何說詞，亦自不倫，疑漢之辯士寓言如此，非本語也。』

茲檢前漢書高帝紀：

『漢二年，夏，四月，田榮弟橫收得數萬人，立榮子廣爲齊王。羽雖聞漢東，既擊齊，欲遂破之而後擊漢。漢王以故得劫五諸侯兵，東伐楚。到外黃，彭越將三萬人歸漢，漢王拜越爲魏國相，令定梁地。漢王遂入彭城，收羽美人貨賂，置酒高會。羽聞之，令其將擊齊，而自以精兵三萬人從魯出胡陵，至蕭。晨擊漢軍，大戰彭城靈壁東睢水上，大破漢軍，多殺士卒，睢水爲之不流。』

此彭城會戰實錄也。據前漢書項羽傳，漢之東伐，兵五十六萬人，項王方銳志擊齊，『連戰未能下』，羽傳漢王遂擣虛破彭城，獲初期之勝利。及羽自以精兵還救，卒熸漢軍。於羽留齊去齊之迹，至爲分明，且無與布事。漢王敗而西，欲據滎陽成皋之險，資敖倉之粟，懼羽之追躡也，則不得不利英布之反以輟之。布若叛楚，非羽自留戰，即令將討擊，皆於漢有利也。及英布起兵：『楚使項聲龍且攻淮南，項王留而攻下邑，』悉符帷幄之運籌，而漢王已得從容收聚散亡，一新部署矣。瞭然於說布時之楚漢形勢，漢之所利，在留羽不使悉銳逐北，而非爲攻略彭城，則說布於彭城敗後，於『漢之敗楚彭城』，及『漢王與楚大戰彭城，不利』，『前後殊「無」參差』，而『隨何說詞，亦「非」不倫。』劉攽此論，蓋緣布傳漢王告隨何『留項王於齊數月』『於齊』二字之誤。攷高紀，漢王語隨何曰：『項王必留擊之，留數月，吾取天下必矣。』英布傳，隨何說英布，亦曰：『項王必留，留數月，漢之取天下可以萬全』，俱無『於齊』二字。攽不知據本紀及何說布詞，以發班氏之誤，轉信『於齊』二字，攷項王去留之迹，因疑漢初極有政略外交軍略價值之文獻，以爲『漢之辯士寓言』，不能謂非一失也。

第二目　酈生說齊

酈食其，陳留高陽人。沛公略地陳留郊，食其往謁，爲言六國從衡事，沛公喜，以爲上賓。因爲沛公說下陳留，號廣野君。『從沛公西南略地，食其嘗爲說客，馳使諸侯。』漢三年，秋，項羽擊漢，拔滎陽，漢兵遁保鞏。楚人聞韓信破趙，彭越數反梁地，則分救之。韓信方東擊齊，漢王數困滎陽成皋，計欲捐成皋以東，屯鞏雒以距楚。食其因曰：「……方今燕趙以定，惟齊未下。今田廣據千里之齊，田解將二十萬之衆，軍於歷城；諸田宗彊，負海岱，阻河濟，南近楚，齊人多變詐，未可以歲月破也。臣請得奉明詔，說齊王使爲漢而稱東藩。」上曰「善」。迺從其畫，復守敖倉，而使食其說齊王曰：

『「王知天下之所歸乎」？曰：「不知也」。曰：「知天下之所歸，則齊國可得而有也；若不知天下之所歸，卽齊國未可保也。」齊王曰：「天下何歸」？食其曰：「天下歸漢」。齊王曰：「先生何以言之」？曰：「漢王與項王戮力西面擊秦，約先入咸陽者王之。項王背約不與，而王之漢中。項王遷殺義帝，漢王起蜀漢之兵，擊三秦，出關而責義帝之負處。收天下之兵，立諸侯之後，降城卽以侯其將，得賂則以分其士，與天下同其利，豪傑賢材，皆樂爲之用。諸侯之兵，四面而至，蜀漢之粟，方船而下。項王有背約之名，殺義帝之負，於人之功無所記，於人之罪無所忘。戰勝而不得其賞，拔城而不得其封，非項氏莫得用事。爲人刻印，刓而不能授，攻城得賂，積財而不能賞。天下畔之，賢材怨之，而莫爲之用。故天下之士，歸於漢王，可坐而策也。夫漢王發蜀漢，定三秦，涉西河之外，援上黨之兵，下井陘，誅成安君（陳餘也）。破北魏（魏豹也），舉三十二城。此黃帝之兵，非人之力，天之福也。今已據敖倉之粟，塞成皋之險，守白馬之津，杜太行之阪，距飛狐之口，天下後服者先亡矣。王疾下漢王，齊國社稷，可得而保也；不下漢王，危亡可立而待也。」

『田廣以爲然，迺聽食其。罷歷下兵守戰備，日與食其縱酒。韓信聞食其馮軾下齊七十餘城，迺夜度兵平原襲齊。齊王田廣聞漢兵至，以爲食其賣己，迺烹食其，引兵走。』（前漢書酈食其傳）

『酈生一士，伏軾掉三寸舌下齊七十餘城。』（前漢書韓信傳蒯通說信語）雖身不免鼎鑊，其功豐偉，其事壯烈。自酈生說下齊，韓信襲而定之，『羽使從兄子項它爲大將，龍且爲裨將救齊。韓信破殺龍且，追至城陽，虜齊王廣。』（項羽傳）羽遂亡山東，精兵猛將亦略盡（按羽傳，下邳之戰，彭越已破項聲，殺薛公。），乃與漢和，解而東。至是楚漢之優劣異勢，項王以隻身而敵全漢之兵，不待垓下之合圍，已有四面之楚歌矣。

茲攷楚漢之形勢，以彭城會戰，滎陽相持爲兩大關鍵，均於漢至不利也。隨何說布歸漢，漢王始能立腳於新敗之後，酈生說廣下齊，漢王始能得志於久困之餘。此其間轉危爲安，轉敗爲勝，外交活動，致力獨多。漢既破垓下，項籍死，高帝置酒，對衆折隨何，曰：『腐儒，爲天下安用腐儒哉！』隨何跪曰：『陛下發步卒五萬人，騎五千人，能以取淮南乎？』曰：『不能』。隨何曰：『陛下使何與二十人使淮南如陛下之意，是何之功，賢於步卒數萬騎五千也。』（英布傳）隨何之自明己功，亦足以破馬上得天下之論。

復就政略軍略以檢討楚漢之得失，亦有足資論究者。楚之謀臣勇將，莫范增、英布、龍且、鍾離昧若。范增、鍾離昧、龍且尤骨骾。布既歸漢，羽失一臂矣。及漢三年，又以四萬金予陳平恣爲反間，於是亞父乞骸骨，而羽失其腦矣。此漢政略之成功也（前漢書陳平傳）。

楚漢之爭，始會戰於彭城，繼相持於敖倉，終決戰於垓下，其戰場不出今津浦隴海兩鐵道線之蘇魯豫皖邊區地境。漢王以山東爲第二戰場，吸引項它龍且之兵而破殺之，於是羽又失一臂矣。以彭越爲運動游兵，往來梁地，遮斷楚之補給線，於是羽之心臟被擊矣。此正轅生說漢王使楚『備多力分』（詳高紀）戰略之成功也。而漢則資關中蜀漢補軍給食不乏，此楚漢成敗之本原，若夫推崇二三人傑，猶非篤論也。

第二節　西漢之行人

漢一天下，中國未服者有南粵，徼外不賓者有匈奴。以故漢初之外交，不外南使粵，北使胡，其它諸王，則皆劉氏之支孽也。雖有信使往還，朝聘儀節，已非復成周體制矣。

南粵王趙佗，眞定人也。乘秦亂繼任囂行南海尉事，絕道，聚兵自守。誅秦所置吏，以其黨爲守假，擊幷桂林象郡，自立爲南粵武王。高帝爲中國勞苦，釋不誅，遣陸賈立爲南粵王（前漢書趙佗傳）。

第一目　陸賈使南粵

陸賈楚人也。以客從高帝定天下，名有口辯，居左右，常使諸侯（高帝紀：『漢四年八月遣賈說羽，請太公，羽弗聽。』）。十一年（公元前一九六年），高帝使賈賜佗印爲南粵王。賈至，尉佗魋結箕踞見賈（師古曰：『結讀曰髻；魋結者，一撮之髻，其形如椎。箕踞，謂伸其兩足而坐。』）。賈因說佗曰：

『足下中國人，親戚昆弟墳墓在眞定。今足下反天性，棄冠帶，欲以區區之粵，與天子抗衡爲敵國，禍且及身矣。夫秦失其正（師古曰：『正，亦政也。』），諸侯豪傑並起，唯漢王先入關，據咸陽。項籍背約，自立爲西楚霸王，諸侯皆屬，可謂至彊矣。然漢王起巴蜀，鞭笞天下，劫諸侯，遂誅項羽。五年之間，海內平定，此非人力，天之所建也。天子聞君王王南粵，而不助天下誅暴逆，將相欲移兵而誅王；天子憐百姓新勞苦，且休之。遣臣授君王印，剖符通使，君王宜郊迎，北面稱臣。乃欲以新造未集之粵，屈彊於此。漢誠聞之，掘燒君王先人冢墓，夷種宗族，使一偏將十萬衆臨粵；卽粵殺王降漢如反覆手耳。』

『於是佗乃蹶然起，謝賈曰：「居蠻夷中久，殊失禮義。」因問賈曰：「我孰與蕭何曹參韓信賢」？賈曰：「王似賢也」。復問曰：「我孰與皇帝賢」？賈曰：「皇帝起豐沛，討暴秦，誅彊楚，爲天下興利除害，繼五帝三王之業，統天下，理中國。中國之人以億計，地方萬里，居天下之膏腴，人衆車輿，萬物殷富，政由一家，自天地剖判，未始有也。今王衆不過數萬，皆蠻夷，崎嶇山海間，譬如漢一郡；王何乃比於漢！」

『佗大笑曰：「吾不起中國，故王此。使我居中國，何遽不若漢？」迺大說賈，留與飲數月。曰：「粤中無足與語，至生來，令我日聞所不聞。」賜賈槖中裝，直千金，它送亦千金。賈卒拜佗爲南粤王，令稱臣，奉漢約。歸報，高帝大說，拜賈爲太中大夫。』（前漢書陸賈傳）

高后時，佗復自尊號爲南武帝，發兵攻長沙邊，敗數縣，役屬閩粤西甌駱，東西萬餘里，乘黃屋左纛，稱制，與中國侔。文帝元年（公元前一七九年），初鎭撫天下，使告諸侯四夷，從代來即位意，諭盛德。賈先以病免，乃召賈爲太中大夫，謁者一人爲副使，賜佗書曰：

『皇帝謹問南粤王，甚苦心勞意。朕高皇帝側室之子，棄外奉北藩於代，道里遼遠，壅蔽樸愚，未嘗致書。高皇帝棄羣臣，孝惠皇帝即世，高后自臨事，不幸有疾，日進不衰，以故誖暴乎治。諸呂爲變故，亂法不能獨制，迺取它姓子爲孝惠皇帝嗣。賴宗廟之靈，功臣之力，誅之已畢。朕以王侯吏不釋之故，不得不立，今即位。乃者聞王遺將軍隆慮侯書（隆慮侯，周竈也。高后遣之擊佗。），求親昆弟，請罷長沙兩將軍。朕以王書罷將軍博陽侯，親昆弟在眞定者，已遣人存問，脩治先人冢。前日聞王發兵於邊，爲寇災不止。當其時，長沙苦之，南郡尤甚，雖王之國，庸獨利乎？必多殺士卒，傷良將吏，寡人之妻，孤人之子，獨人父母，得一亡十，朕不忍爲也。朕欲定地犬牙相入者，以問吏，吏曰：「高皇帝所以介長沙土也」，朕不能擅變焉。吏曰：「得王之地，不足以爲大，得王之財，不足以爲富，服領以南，王自治之。」雖然，王之號爲帝，兩帝並立，亡一乘之使以通其道，是爭也。爭而不讓，仁者不爲也。願與王分棄前患，終今以來，通使如故。故使賈馳諭告王朕意，王亦受之，毋爲寇災矣。上褚五十衣，中褚三十衣，下褚二十衣遺王師古曰：「以綿裝衣曰褚。」。願王聽樂娛憂，存問鄰國。』佗傳

陸賈至，南粵王恐，頓首謝，願奉明詔，長爲藩臣奉貢職。下令國中，去帝制黃屋左纛。因爲書，稱蠻夷大長老夫臣佗，昧死再拜，上書皇帝陛下。曰：

『老夫故粵吏也。高皇帝幸賜佗璽以爲南粵王，使爲外臣，時內貢職。孝惠皇帝卽位，義不忍絕，所以賜老夫者甚厚。高后自臨用事，近細士，信讒臣，別異蠻夷。出令曰：「毋與蠻夷外粵金鐵田器馬牛羊；卽予，予牡毋與牝。」老夫處辟，馬牛羊齒已長，自以祭祀不脩，有死罪。使內史藩，中尉高，御史平凡三輩，上書謝過，皆不反。又風聞老夫父母墳墓已壞削，兄弟家族已誅論。吏相與議曰：「今內不得振於漢，外亡以自高異，」故更號爲帝。自帝其國，非敢有害於天下也。高皇后聞之大怒，削去南粵之籍，使不通。老夫竊疑長沙王讒臣，故敢發兵以伐其邊。且南方卑溼，蠻夷中，西有西甌，其屬半羸，南面稱王；東有閩粵，其衆數千人，亦稱王；西北有長沙，其半蠻夷，亦稱王。老夫故敢妄竊帝號，聊以自娛。老夫身定百邑之地，東西南北數千萬里，帶甲百萬有餘，然北面而臣事漢，何也？不敢背先人之故。老夫處粵四十九年，于今抱孫焉。然夙興夜寐，寢不安席，食不甘味，目不視靡曼之色，耳不聽鐘鼓之音者，以不得事漢也。今陛下幸哀憐復故號，通使漢如故，老夫死骨不腐，改號不敢爲帝矣。謹北面，因使者獻白璧一

雙，翠鳥千，犀角十，紫貝五百，桂蠹一器，生翠四十雙，孔雀二雙。昧死再拜，以聞皇帝陛下。』佗傳

陸賈還報，文帝大說。賈兩使南粵，皆如漢指，可謂不辱君命矣。而漢代招攜懷遠之道，亦於詔書中見之。

第二目　張騫通西域

漢之西域，卽今新疆行省地區。前漢書西域傳：『西域，本三十六國，其後稍分至五十餘。皆在匈奴之西，烏孫之南，南北有大山，中央有河。東西六千餘里，南北千餘里，東則接漢，阸以玉門陽關，西則限以葱嶺』是也。『漢興，至于孝武事征四夷，廣威德，而張騫始開西域之迹。』西域傳

張騫，漢中人也，武帝建元中公元前一四〇年爲郎。時匈奴破月氏王，以其頭爲飮器，月氏怨匈奴，無與共擊之。漢欲事滅胡，欲通使，道必更匈奴中，迺募能使月氏者。騫以郎應募，與堂邑奴甘父俱，出隴西，使月氏。徑匈奴，匈奴得之，傳詣單于。單于曰：『月氏在吾北，漢何以得往？使吾欲使越，漢肯聽我乎？』留騫十餘歲，予妻，有子；然騫持漢節不失，居匈奴西。騫因與其屬亡鄉月氏，西走數十日，至大宛。大宛聞漢之饒財，欲通不得，見騫，喜。問欲何之？騫曰：『爲漢使月氏，而爲匈奴閉道，脫亡，唯王使人道送我。誠得至，反漢，漢之賂遺王財物，不可勝言。』大宛以爲然，遣騫，爲發譯，道抵康居，康居傳致大月氏。大月氏已立其王夫人爲王，臣大夏而君之，地肥饒，少

寇，志安樂；又自以遠漢，殊無報胡之心。騫從月氏至大夏，竟不能得月氏要領。留歲餘還，從羌中歸，復爲匈奴所得。留歲餘，單于死，國內亂，騫與胡妻及堂邑父俱亡歸漢，拜騫爲太中大夫，堂邑父爲奉使君。

初騫行時百餘人，去十三歲，唯二人得還。騫身所至者大宛、大月氏、大夏、康居，而傳聞其旁大國五六，具爲天子言其地形所有。武帝感於張騫之言甘，心欲通大宛諸國，使者相望於道，一歲多至十餘輩。騫又言在大夏時，見邛竹杖蜀布，此其去蜀不遠，漢遂得從蜀通滇國至大夏以事西南夷焉。

元朔六年（公元前一二三年），騫以校尉從大將軍衛青擊匈奴，知水草處，軍得以不乏。以功封博望侯。後二年，元狩二年與將軍李廣出右北平擊胡，後期當斬，贖爲庶人。元狩四年（公元前一一九年），漢擊走匈奴于幕北，天子數問騫大夏之屬。騫既失侯，因言單于新困於漢，烏孫王昆莫稍彊，不肯復朝事匈奴，戀復故地，又貪漢物；誠以此時厚賂烏孫，招以東居故地（烏孫，祁連敦煌間小國。師古曰：「祁連山以東，敦煌以西。」），漢遣公主爲夫人（按西域傳：「漢元封中，遣江都王建女細君爲公主以妻焉」，正張騫議聯烏孫後事。），結昆弟，其勢宜聽，則是斷匈奴右臂也。既連烏孫，其西大夏之屬，皆可招來而爲外臣。武帝以爲然，拜騫爲中郎將，將三百人，馬各二匹，牛羊以萬數，齎金幣帛直數千鉅萬，多持節副使，道可便，遣之旁國。騫至烏孫，致賜諭指，未能得其決，騫卽分遣副使使大宛康居月氏大夏。烏孫發譯遣使數十人道送騫，因窺漢廣大。騫還，拜爲大行（大鴻臚屬官）。後歲餘，其所遣副使通大夏之屬者，皆頗與其人俱來。於是西北國始通於漢矣。然騫始開通西域道，諸後使往

者，皆稱博望侯，以爲質於外國，外國由是信之。（前漢書張騫傳）

第三目　蘇武使匈奴

匈奴世居中國北邊，虞夏商周之時，有山戎、獫允、薰粥、畎夷，名曰荒服。秦滅六國，因河爲塞，築四十四縣城，起臨洮至遼東萬餘里，以禦東胡。及漢與項羽相距，中國罷於兵革，匈奴酋長冒頓單于始大，得自彊，控弦之士三十餘萬，盡服從北夷，而南與諸夏爲敵國。

高帝七年（公元前二〇〇年），冬，十月，韓王信反，引匈奴共距漢，帝自將擊之，乘勝逐北至平城，爲匈奴圍於白登七日，用陳平計方得解。納婁敬（賜姓劉，稱劉敬。）亦策與匈奴和親，使敬奉宗室女翁主爲單于閼氏，歲奉匈奴絮繒酒食物各有數，約爲兄弟，於是冒頓寖驕。高后時，使遺書，甚嫚無禮義。后方謀代劉，竟不得討，使大謁者張澤報書，匈奴亦遣使謝，獻馬和親，漢室羞之。

文景之世（公元前一七九至一四一年），匈奴時要和親，時而寇鈔爲邊塞患。武帝即位，明和親約束，厚遇關市，饒給之。而匈奴乃盜邊無虛歲，漢亦連年伐胡，數通使相窺觀。匈奴留漢使郭吉（公元前一一〇年）路充國等前後十餘輩，漢亦留之以相當。天漢元年（公元前一〇〇年），匈奴且鞮侯單于初立，恐漢襲之。迺曰：『漢天子我丈人行也』，盡歸漢使之不降者路充國等。武帝嘉其意，迺遣蘇武以中郎將使持節送匈奴使留漢者。因厚賂單于，答其善意。（前漢書匈奴傳）

蘇武，杜陵人。父建，以校尉從大將軍衛青擊匈奴，封平陵侯。武字少卿，以父任爲郎。與副中郎將張勝，及假吏常惠等募士斥侯百餘人俱，使匈奴。既至，置幣遺單于，單于益驕，非漢所望也。方欲發使伴武等還，會匈奴有亂，事連張勝，且及武。單于使降人衛律治之，召武受辭。武謂惠等曰：『屈節辱命，雖生何面目以歸漢。』引佩刀自刺，氣絕，半日方息。單于壯其節，朝夕遣人顧問。武益愈，單于使曉武欲降之，衛律復舉劍擬，武不動。律曰：『蘇君！律前負漢歸匈奴，幸蒙大恩，賜號稱王，擁衆數萬，馬畜彌山，富貴如此！蘇君今日降，明日復然；空以身膏草野，誰復知之？』武不應。律曰：『君因我降，與君爲兄弟；今不聽吾計，後雖復欲見我，尚可得乎？』武罵律曰：

『女爲人臣子，不顧恩義，畔主背親，爲降虜於蠻夷，何以女爲見？且單于信女，使決人死生，不平心持正，反欲鬥兩主，觀禍敗。南粤殺漢使者，屠爲九郡（事在武帝元鼎五年公元前一一〇年）；宛王殺漢使者，頭縣北闕（事在武帝太初元年公元前一〇四年）；朝鮮殺漢使者，卽時誅滅（事在武帝元封二年公元前一〇九年）；獨匈奴未耳。若知我不降明，欲令兩國相攻，匈奴之禍，自我始矣。』

律知武終不可脅，白單于，單于愈益欲降之。迺幽武，置大窖中，絕不飲食。天雨雪，武臥齧雪與旃毛幷咽之，數日不死，匈奴以爲神。迺徙武北海上無人處，使牧羝，羝乳迺得歸，別其官屬常惠等，各置它所。

武既至海上，廩食不至，掘野鼠去屮實而食之。杖漢節牧羊，臥起操持，節旄盡落。積五六年，武能網紡繳檠弓弩。單于弟於靬王弋射海上，愛之，給其衣食，更賜武馬畜服匿穹廬。後王死，人衆徙去，丁令盜武牛羊，武復窮厄。

初武與李陵俱爲侍中。武使匈奴，明年，陵降，不敢求武。久之，單于使陵至海上爲武置酒設樂。因謂武曰：

『單于聞陵與子卿素厚，故使陵來說足下。虛心欲相待，終不得歸漢，空自苦亡人之地，信義安所見乎？前長君爲奉車服虔曰：「武兄嘉。」，從至雍棫陽，官扶輦下除，觸柱折轅，劾大不敬，伏劍自刎，賜錢二百萬以葬。孺卿張晏曰：「武弟賢。」從祠河東后土，宦騎與黃門駙馬爭船，推墮駙馬河中溺死。宦騎亡，詔使孺卿逐捕，不得，惶恐飲藥而死。來時大夫人已不幸，陵送葬至陽陵。子卿婦年少，聞已更嫁矣。獨有女弟二人，兩女一男，今復十餘年，存亡不可知。人生如早露，何久自苦如此！陵始降時，忽忽如狂，自痛負漢，加以老母繫宮保；子卿不欲降，何以過陵？且陛下春秋高，法令無常，大臣亡罪夷滅者數十家，安危不可知，子卿尚復誰爲乎？願聽陵計，勿復有云。』

武曰：

『武父子亡功德，皆爲陛下所成就，位列將，爵通侯，兄弟親近，常願肝腦塗地。今得殺身自效，雖蒙斧鉞湯鑊，誠甘樂之。臣事君，猶子事父也，子爲父死無所恨，願勿復再言。』

陵與武飲數日。復曰：『子卿壹聽陵言』。武曰：『自分已死久矣。王必欲降武，請畢今日之驩，效死於前。』陵見其至誠，喟然歎曰：『嗟乎義士，陵與衞律之罪，上通於天。』因泣下霑衿，與武決去。使其妻賜武牛羊數十頭。武帝崩，武聞之，南鄉痛苦歐血，旦夕臨，數月。

昭帝卽位，數年，匈奴與漢和親。漢求武等，匈奴詭言武死。後漢使復至匈奴，常惠得私夜見漢使，具自陳。教使者謂單于。言：天子射上林中，得雁足，有係帛書，言武等在某澤中。使者大喜，如惠語以讓單于。單于驚謝。曰，武等實在。於是李陵置酒賀武。曰：『今足下還歸，揚名於匈奴，功顯於漢室，雖古竹帛所載，丹青所畫，何以過子卿！』單于召會武官屬，前以降及物故，凡隨武還者九人。武以始元六年（公元前八一年），春至京師。詔武奉一太牢，謁武帝園廟。拜爲典屬國（主四方夷狄朝貢侍子），秩中二千石。賜錢二百萬，公田二頃，宅一區。常惠徐聖趙終根皆拜中郎，賜帛各二百匹。其餘六人老歸家，賜錢人十萬，復終身。武留匈奴，凡十九歲，始以彊壯出，及還，須髮盡白。（前漢書蘇武傳）

蘇武杖節漢朔，由來稱之。以其出使被留，脅之以兵刄，誘之以爵祿，動之以兒女之情，餓其體膚，勞其筋骨，空乏其身，所以欲降之者，用心備矣。武唯守死善道，居命遂志，歷十九歲不渝，眞前無古人，後無來者。『孔子稱「志士仁人，有殺身以成仁，無求生以害仁」，「使於四方，不辱君命」，蘇武有之矣。』（武傳贊）

第三節　光武初年之外交活動

西漢劉孺子嬰初始元年（公元八年），王莽稱新皇帝。明年，改國號爲始建國元年（公元九年）。新地皇三年（公元二十二年），光武起兵於宛。明年，新市平林兵共立劉玄（聖公）爲天子，都宛，建元更始（公元二十三年）。九月，三輔豪傑共誅王莽，傳首詣宛。二年（公元二十四年），更始由洛陽西都長安。『長安政亂，四方背叛。梁王劉永擅命睢陽，公孫述稱王巴蜀，李憲自立爲淮南王，秦豐自號楚黎王。張步起琅琊，董憲起東海，延岑起漢中，田戎起夷陵，並置將帥，侵略郡縣。又別號諸賊銅馬、大彤、高湖、重連、鐵脛、大搶、尤來、上江、青犢、五校、檀鄉、五幡、五樓、富平、獲索等，各領部曲，衆合數百萬人，所在寇掠。』（後漢書光武帝紀）光武方徇河北地，亦自貳於更始，發北地十郡兵，擊銅馬、高湖、大彤、青犢諸賊，悉破降之。赤眉別帥與青犢賊入函谷關攻更始，光武迺遣鄧禹率六裨將而西，以乘更始赤眉之亂。（光武帝紀更始二年）

後漢建武元年（公元二十五年），六月，光武卽皇帝位於鄗。十一月，劉永自稱天子。十二月，赤眉殺更始；而隗囂據隴右，盧芳起安定。二年，二月，延岑自稱武安王於漢中。此光武卽位之初年形勢，強弱大小，不相侔也。就中劉永亦宗室之裔，公孫述負固自大，隗囂乘勢觀變，各有爭天下之心；延岑張步董憲田戎之儔，擁衆健鬥，亦有亂天下之力。光武奮自河北，卒能削平羣雄，統一中國者，外交活動之功，亦不可忽也。

第一目　伏隆使張步

伏隆，濟南伏生後也。伏氏自勝以後，世傳經學，清靜無競，東州號爲伏不鬥。隆父湛，建武中官大司徒，車駕每出征伐，常留鎮守，總攝羣司（後漢書伏湛傳）。隆字伯文，少以節操立名。建武二年（公元二十六年），『光武方北憂漁陽（光武帝紀：「建武二年，二月，漁陽太守彭寵反，攻幽州牧朱浮於薊。」），南事梁楚（謂梁王劉永及楚秦豐田戎），故步（張步）得專集齊地，據郡十二。』（後漢書張步傳）乃拜隆爲太中大夫，持節使青徐二州，招降郡國。隆移檄告曰：

『乃者猾臣王莽，殺帝盜位，宗室興兵，除亂誅莽。故羣下推立聖公，以主宗廟。而任用賊臣，殺戮賢良，三王作亂（據聖公傳，三王謂淮陽王張卬，穰王廖湛，隨王胡殷。），盜賊從橫，忤逆天心，卒爲赤眉所害。皇天祐漢，聖哲應期。陛下神武奮發，以少制衆。故尋邑以百萬之軍，潰散於昆陽，王郎以全趙之師，土崩於邯鄲。大彤高湖，望旗消靡，鐵脛五校，莫不摧破。梁王劉永，幸以宗室屬籍，爵爲侯王，不知厭足，自求禍棄，遂封爵牧守，造爲詐逆。今虎牙大將軍（蓋延也）屯營十萬，已拔睢陽，劉永奔迸，家已族矣。此諸君所聞也，不先自圖，後悔何及！』（伏湛子隆傳）

『青徐羣盜得此惶怖，獲索賊右師郎等六校，即時皆降。張步遣使隨隆（東觀記，步遣其掾孫昱隨之。）詣闕上書，獻鰒魚。其冬，拜隆光祿大夫，復使於步，並與新除青州牧守及都尉俱東，詔隆輒拜令長以下。隆招懷綏輯，多來降附。帝嘉其功，比之酈生，即拜步爲東萊太守。』（隆傳）

建武三年，春，劉永亦復遣使立張步爲齊王（後漢書劉永傳）。步貪受王爵，冘（音以今反）豫未決。隆曉譬曰：『高祖與天下約，非劉氏不王，今可得爲十萬戶侯耳。』步欲留隆與共守二州，隆不聽，求得反命。步遂執隆而受永封。隆遣間使上書曰：

『臣隆奉使無狀，受執凶逆，雖在困戹，授命不顧。又吏人知步反畔，心不附之，願以時進兵，無以臣隆爲念。臣隆得生到闕廷，受誅有司，此其大願；若令沒身寇手，以父母昆弟，長累陛下。』（隆傳）

光武得隆奏，召父湛流涕以示之，曰：『隆可謂有蘇武之節，恨不且許而遽求還也！』其後，步遂殺

之。（隆傳）

第二目　來歙使隗囂

來歙字君叔，南陽新野人也。建武初，詣洛陽，光武見歙大歡，即解衣以衣之，拜爲太中大夫。是時，方以隴蜀爲憂，獨謂歙曰：『今西州未附，子陽（公孫述）稱帝，道里阻遠，諸將方務關東，思西州方略，未知所任，其謀若何？』歙因自請曰：『臣嘗與隗囂相遇長安，其人始起以漢爲名。今陛下聖德隆興，臣願得奉威命，開以丹青之信，囂必束手自歸，則述自亡之勢，不足圖也。』（後漢書來歙傳）光武然之。建武三年，歙始使隗囂，『勸令入朝，許以重爵。囂不欲東，連遣使深持謙辭，言無功德，須四方平定，退伏閭里。』（後漢書隗囂傳）五年（公元二十九年），復遣歙持節送馬援，因奉璽書於囂。既還，復住說囂。『囂聞劉永彭寵皆已破滅，乃遣長子恂（字伯春）隨歙詣闕。』（囂傳）拜歙爲中郎將。

時山東略定（己平張步），光武謀西收囂兵，與俱伐蜀，復使歙喻旨。囂用其將王元計，更欲持兩端，不願天下統一，宂疑久不定。歙素剛毅，遂發憤質責囂。曰：

『國家以君知臧否，曉廢興，故以手書暢意。足下推忠誠，遣伯春委質，是臣主之交信也。今反欲用佞惑之言，爲族滅之計，叛主負子，違背忠信乎？吉凶之決，在於今日。』（歙傳）

遂杖節就車而去。『歙爲人有信義，言行不違，及往來游說，皆可案覆，西州士大夫以此信重之。』（歙傳）

按後漢書馬援傳，援少游隴漢間，以留西州，隗囂甚敬重之，以爲綏德將軍，與決籌策。援，扶風茂陵人，素與公孫述同里閈相善。嘗爲囂使述觀形勢，又爲囂奉書洛陽。還，盛言光武才明勇略，開心見誠，經學博覽，政事文辯，前世無比。囂遂遣子恂入質，援因將家屬隨恂歸洛陽，數以書記責譬於囂。及用兵隴西，光武使援將突騎五千，往來游說囂將高峻任禹之屬，下及羌豪，爲陳禍福，以離囂支黨。援又爲書與囂將楊廣，使曉勸於囂。曰：

『春卿楊廣字無恙。前別冀南注云：「天水冀縣也。」，寂無音驛。援間還長安，因留上林。竊見四海已定，兆民同情，而季孟隗囂字閉拒背畔，爲天下表的注云：「表猶標也。」。常懼海內切齒，思相屠裂，故遺書戀戀以致惻隱之計。乃聞季孟歸罪於援按謂囂怨援背己，而納王游翁王元字諂邪之說，自謂函谷以西，舉足可定；以今而觀，竟何如邪？按囂傳，王元，杜陵人，囂以爲大將軍。歙使隴西，元說囂曰：「今天水完富，士馬最强，北取西河上郡，東收三輔之地，按秦舊迹，表裏河山。元請以一丸泥爲大王東封函谷關，此萬世一時也。」援間至河內，過存伯春，見其奴吉從西方還。說伯春小弟仲舒望見吉欲問伯春無它否，竟不能言，曉夕號泣，婉轉塵中。又說其家悲愁之狀，不可言也。夫怨讎可刺不可毀，援聞之，不自知其泣下也。援素知季孟孝愛，曾閔不過。夫孝於其親豈不慈於其子；可有子抱三木，而跳梁妄作，自同分羹之事乎？

『季孟平生自言所以擁兵衆者，欲以保全父母之國而完墳墓也，又言苟厚士大夫而已。而今所欲全者將破亡之，所欲完者將毀傷之，所欲厚者將反薄之。季孟嘗折愧子陽而不受其爵，今更共陸陸注云：「猶碌碌也。」欲往附之，將難爲顏乎？若復責以重質，當安從得子主給是哉？往時子陽獨欲以王相待（謂欲封為朔寧王也），而春卿拒之。今者歸老，更欲低頭與小兒曹共槽櫪而食，併肩側身於怨家之朝乎？男兒溺死何傷而拘游哉！

『今國家待春卿意深，宜使牛孺卿與諸耆老大人共說季孟，若計畫不從，眞可引領去矣。前披輿地圖，見天下郡國百有六所，奈何欲以區區二邦以當諸夏百有四乎？春卿事季孟，外有君臣之義，內有朋友之道。言君臣邪？固當諫爭；語朋友邪？應有切磋。豈有知其無成，而但萎腇咋舌叉手從族乎？及今成計，殊尙善也，過是欲少味矣。且來君叔天下信士，朝廷重之，其意依依，常獨爲西州言；援商朝廷，尤欲立信於此，必不負約。援不得久留，願急賜報。』（後漢書馬援傳）

廣雖不答，而隗囂將帥有土崩之勢矣。

復檢後漢書竇融傳，融字周公，扶風平陵人，孝文皇后弟廣國七世孫也。更始中歸長安，得爲張掖屬國都尉。既到，撫結雄傑，懷輯羌虜，甚得其歡心，河西翕然歸之，遂有武威酒泉金城張掖敦煌五郡。更始敗，酒泉太守梁統等推融行河西五郡大將軍事。光武卽位，融心欲東鄉，隔遠未能自通。隗囂復遣辯士張玄爲陳『各據土宇，隴蜀合從，高可爲六國，下不失尉佗』之說，融集豪傑及諸太守計議，決策東鄉。建武五年，遣長史劉鈞奉書獻馬，光武聞河西完富，地接隴蜀，常欲招之以逼囂述，迺報以璽書，尉藉甚備。及隗囂反，融與囂書責讓之。曰：

『伏惟將軍國富政修，士兵懷附。親遇戹會之際，國家不利之時，守節不回，承事本朝。後遣伯春，委身於國，無疑之誠，於斯有效。融等所以欣服高義，願從役於將軍者，良爲此也。而忿悁之閒，改節易圖，君臣分爭，上下接兵。委成功，造難就，去從議，爲橫謀，百年累之，一朝毀之，豈不惜乎？殆執事者貪功建謀以至於此，融竊痛之。

『當今西州地勢局迫，人兵離散，易以輔人，難以自建。計若失路不反，聞道猶迷，不南合子陽，則北入文伯（盧芳字）耳。夫負虛交而易強禦，恃遠救而輕近敵，未見其利也。融聞智者不危衆以舉事，仁者不違義以要功。今以小敵大，於衆何如？棄子徼功，於義何如？且初事本朝，稽首北面，忠臣節也；及遣伯春，垂涕相送，慈父恩也；俄而背之，謂吏士何？忍而棄之，謂留子何？

『自起兵以來，轉相攻擊，城郭皆爲丘墟，生人轉於溝壑。今其存者，非鋒刃之餘，則流亡之孤，迄今傷痍之恥未愈，哭泣之聲尚聞。幸賴天運少還，而大將軍復重於難，是使積痾不得遂瘳，幼孤將復流離，其爲悲痛，尤足愍傷。言之可爲酸鼻；庸人且猶不忍，況仁者乎？融聞爲忠甚易，得宜實難，憂人太過，以德取怨，知且以言獲罪也。區區所獻，唯將軍省焉。』（後漢書竇融傳）

囂不納。融與五郡太守共砥厲兵馬，請師期，遂平隴右。

建武初年，與劉秀爭天下，公孫述隗囂其後亡者也，而最爲心腹患。使張玄之說得售，河西與隴蜀合從，北連盧芳，塞函谷關以與洛陽抗，其勢猶不止於六國尉佗也。光武『才明勇略』（馬援說囂語），其經營河隴蜀漢，既使囂以孤子陽，復招融以逼囂述。及河西東鄉，隴右底平，度外井蛙，求泥首銜玉亦不可得。政略運用，外交謀謨，可謂宏遠矣。

第四節　東漢之行人

班定遠以三十六人奉使西域，留三十一年，賓從五十餘國（後漢書班超傳），其事堅卓，其業彪炳，書生如今稱羨之。然虜係名王，鈔獲生口，迹類近古之探險殖民，非行人使節之正道也。蓋自西漢昭帝元鳳四年（公元前七十七年），傅介子使西域，刺殺樓蘭王，封義陽侯，其後使人輒慕效之；『立功異域，以取封侯』（班超語），而班侯最為成功，他使亦往往假司馬將兵行。其合於行人之選者，建武而下，唯鄭衆而已。

第一目　鄭衆使北匈奴

鄭衆，字仲師，河南開封人。明帝永平初，以明經給事中。八年（公元六十五年），北匈奴遣使求和親（按自建武二十二年（公元四十六年）烏桓破匈奴，匈奴北徙，幕南地空。二十四年，匈奴薁鞬日逐王比自立為南單于，於是分為南北匈奴。二十六年，南單于內附，漢居之雲中，以禦北虜。至是北匈奴始通漢。），迺遣衆持節使匈奴。衆至北庭，虜欲令拜，衆不為屈。單于大怒，圍守閉之，不與水火，欲脅服衆。衆拔刀自誓，單于恐而止，迺更發使隨衆還京師。朝議欲復遣使報之，衆上疏諫，曰：

『臣伏聞北單于所以要致漢使者，欲以離南單于之衆，堅三十六國之心也。又當揚漢和親，誇示鄰敵，令西域欲歸化者，局促狐疑，懷土之人，絕望中國耳。漢使既到，便偃蹇自信，若復遣之，虜必自謂得謀，其羣臣駁議者，不敢復言，如是南庭動搖，烏桓有離心矣。南單于久居漢地，具知形勢，萬分離析，旋為邊害。今幸有度遼之衆，揚威北垂（按明帝永平八年，初置度遼將軍，以吳常行度遼將軍事，屯五原曼柏。），

雖勿報答，不敢爲患。』後漢書鄭衆傳

帝不從，復遣衆。衆因上言：『臣前奉使不爲匈奴拜，單于恚恨，故遣兵圍臣。今復銜命，必見陵折。臣誠不忍持大漢節對氈裘獨拜，如令匈奴遂能服臣，將有損大漢之強。』帝不聽，衆不得已行，在路連上書爭之。詔切責追還，繫廷尉，會赦歸家。其後帝見匈奴來者，問衆與匈奴爭禮之狀，皆言匈奴中傳衆意氣壯勇，雖蘇武不過，迺復衆。章帝建初六年公元八十一年，拜大司農，八年，卒官。衆父興，明左氏周官之學，衆傳父業，其後學者稱爲司農鄭，以別於康成云。

第五章　三國時代之行人

第一節　三國之形勢

魏(曹)蜀(劉)吳(孫)，史稱三國。其時代始於漢獻帝建安二十五年（魏黃初元年公元二二〇年），魏文帝曹丕代漢，終於晉武帝（司馬炎）太康元年（公元二八〇年），晉滅吳一統，凡六十年。曹丕篡漢之次年（魏黃初二年蜀章武元年），劉備(蜀先主)以宗室之胄，稱帝於蜀，以紹漢統。明年（公元二二二年），孫權亦改年號爲黃武。於是天下三分，三國鼎峙，然其形勢，則早決定於赤壁一役（漢獻帝建安十三年公元二〇八年）。維時曹操席滅袁氏之威，捲劉表之衆，騰書會獵，氣吞江左（三國志吳志裴松之注：「江表傳載曹公與權書曰：「近者奉辭伐罪，旄麾南指，劉琮束手。今治水軍八十萬衆，方與將軍會獵於吳。」權得書，以示羣臣，莫不響震失色。」）。卒之孫劉並力，同心破曹。遂使曹操號令，限於北方，不能越長江天塹，孫權確保江東，而劉備亦得資荆州以圖巴蜀漢中也。

第二節　三國局勢及其中心人物

曹操父子挾天子以臨羣雄，據中原以事征討，其勢最優，憑藉尤厚。孫氏父子兄弟起家江東，國險民附，賢能爲用，亦足自保。惟劉備初年，傾覆窮蹙，無所基宇，僅資皇室胄屬以爲號召。然以諸葛孔明之忠貞亮節，毗佐危國，鞠躬盡瘁，與其所抱之興漢討賊思想，契合於舊史學之正統觀念；讀史者因景其人，遂崇其事，主奴出入，為一家一姓爭正偽，以今視之，甚無謂也。

茲考三國局勢，以劉曹對立為特徵，劉孫合分為關鍵。無赤壁之戰，不能開三國鼎立之局，無秭歸之師（蜀章武二年吳黃武元年魏黃初三年公元二二二年），不能啓魏晉一統之基。而手創三國局面及執行劉孫和親政策最力者，在蜀為諸葛亮，於吳則魯肅其人也。

蜀志諸葛亮傳，亮字孔明，琅邪陽都人也。隨從父玄依荊州牧劉表，居南陽隆中。玄卒，亮躬耕隴畝，好為梁父吟。身長八尺，每自比於管仲樂毅。博陵崔州平，潁川徐庶元直與亮友善，謂為信然。漢建安十一年（公元二〇六年），劉備屯新野，徐庶往見薦亮，謂可就見，不可屈致，宜枉駕顧之。備遂詣亮，凡三往乃見。因屏人曰：

『漢室傾頹，姦臣竊命，主上蒙塵（按後漢書獻帝紀，建安元年（公元一九六年）八月辛亥，曹操自領司隸校尉，錄尚書事。庚申，遷都許。冬十一月丙戌，曹操自為司空，行車騎將軍事，百官總己以聽。）。孤不度德量力，欲信（申也）大義於天下，而智術淺短，遂用猖獗，至於今日。然志猶未已，君謂計將安出？』

亮答。曰：

『自董卓已來，豪傑並起，跨州連郡者，不可勝數。曹操比於袁紹，則名微而衆寡。然操遂能克紹，以弱為彊者，非惟天時，抑亦人謀也。今操已擁百萬之衆，挾天子以令諸侯，此誠不可與爭鋒。孫權據有江東，已歷三世，國險而民附，賢能為之用，此可與為援，而不可圖也。荊州北據漢沔，利盡南海，東連吳會，西通巴蜀，此用武之國，而其主不能守。此殆天所以資將軍，將軍豈有意乎？

『益州險塞，沃野千里，天府之土，高祖因之以成帝業。劉璋闇弱，張魯在北，民殷國富，而不知存恤；智能之士，思得明君。將軍既帝室之胄，信義著於四海。總攬英雄，思賢如渴。若跨有荆益，保其巖阻，西和諸戎，南撫夷越，外結好孫權，內修政理；天下有變，則命一上將將荆州之軍，以向宛洛，將軍身率益州之衆，以出秦川，百姓孰敢不簞食壺漿以迎將軍者乎？誠如是，則霸業可成，漢室可興矣。』

此即諸葛亮有名之隆中對策，爲造成三國時代之重要文獻。其於當時形勢利害之分析，劉備政權之可能發展，及其政略外交方策，已於斗室之中，晤對之際，包舉宇宙，廣大悠久。及曹操下江陵，先主奔夏口，亮曰：『事急矣，請奉命求救於孫將軍。』時孫權擁軍在柴桑，觀望成敗。亮說權曰：『海內大亂，將軍起兵，據有江東，劉豫州亦收衆漢南，與曹操並爭天下。今操芟夷大難，略已平矣。遂破荆州，威震四海。英雄無所用武，故豫州逃遁至此。將軍量力而處之；若能以吳越之衆，與中國抗衡，不如早與之絕；若不能當，何不案兵束甲，北面而事之？今將軍外託服從之名，而內懷猶豫之計，事急而不斷，禍至無日矣。』

權曰：『苟如君言，劉豫州何不遂事之乎？』亮曰：『田橫，齊之壯士耳，猶守義不辱；況劉豫州王室之胄，英才蓋世，衆士慕仰，若水之歸海。若事之不濟，此乃天也，安能復爲之下乎？』權曰：『吾不能舉全吳之地，十萬之衆，受制於人。吾計決矣，非劉豫州莫可以當曹操者！然豫州新敗之後，安能抗此難乎？』亮曰：

『豫州軍雖敗於長阪，今戰士還者，及關羽水軍精甲萬人，劉琦合江夏戰士，亦不下萬人。曹操之衆，遠來疲弊，聞追豫州，輕騎一日一夜行三百餘里，此所謂強弩之末，勢不能穿魯縞者也。故兵法忌之，曰：必蹶上將軍。且北方之人，不習水戰，又荊州之民附操者，偪兵勢耳，非心服也。今將軍誠能命猛將統兵數萬，與豫州協規同力，破操軍必矣。操軍破，必北還。如此則荊吳之勢彊，鼎足之形成矣。成敗之機，在於今日。』

權大悅，卽遣周瑜程普魯肅等水軍三萬，隨亮詣劉備，敗操于赤壁。亮傳

亮之說權，以『彊荊吳之勢，成鼎足之形』爲主旨。三國局勢，方決策於南陽，遂收功於柴桑，諸葛亮竟一手成之。至若聯吳拒曹，尤爲亮之一貫外交政策。先主伐吳，亮嘗諫阻，後主卽位，遣使聘吳，因結和親。終亮之世，吳蜀爲與國，無嫌隙。蔣琬費禕繼續執行之，以維持兩國友好。英雄造時勢，亮之規劃遠矣。

與諸葛亮抱同一政策而忠實於吳蜀同盟者，厥維魯肅。吳志魯肅傳，肅字子敬，臨淮東城人也。親結周瑜，定僑札之分，瑜薦肅才宜佐時，權與語，甚悅之。因密議曰：『今漢室傾危，四方雲擾，孤承父兄餘業，思有桓文之功，君旣惠顧，何以佐之？』肅對曰：

『昔高帝區區欲尊事義帝而不獲者，以項羽爲害也。今之曹操，猶昔項羽，將軍何由得爲桓文乎？肅竊料之，漢室不可復興，曹操不可卒猝也除。爲將軍計，惟有鼎足江東，以觀天下之釁。

規模如此，亦自無嫌。何者？北方誠多務也（按是時曹操與袁紹相持官渡），因其多務，勦除黃祖，進伐劉表，竟長江所及，據而有之。然後建號帝王，以圖天下，此高帝之業也。』

及荊州牧劉表死（建安十三年公元二〇八年），肅說權曰：

『夫荊州與國鄰接，水流順北，外帶江漢，內阻山陵，有金城之固。沃野萬里，士民殷富。若據有之，此帝王之資也。今表新亡，二子（琦琮）素不輯睦，軍中諸將，各有彼此。加劉備天下梟雄，與操有隙，寄寓於表，表惡其能，而不能用也。若備與彼協心，上下齊同，則宜撫安，與結盟好。如有離違，宜別圖之，以濟大事。肅請得奉命，弔表二子，並慰勞其軍中用事者；及說備使撫表衆，同心一意，共治曹操，備必喜而從命。如其克諧，天下可定也。今不速往，恐爲操所先。

『權卽遣肅行，到夏口，聞曹公已向荊州，晨夜兼道，比至南郡，而表子琮已降曹公。備惶遽奔走，欲南渡江。肅逕迎之，到當陽長阪，與備會，宣騰權旨，及陳江東彊固，勸備與權併力。備甚歡悅。時諸葛亮與備相隨，肅謂亮曰：「我子瑜（諸葛瑾字，瑾亮兄也。）友也」，卽共定交。備遂到夏口，遣亮使權，肅亦反命。』（肅傳）

按吳志，漢建安五年（公元二〇〇年），孫權繼兄策領江東，『招延俊秀，聘求名士，魯肅諸葛瑾等始爲賓客。』（卷二）肅之見權獻議，蓋早於劉先主之顧諸葛亮六年。其論中原大勢及爲權劃『鼎足江東』之策，旣與隆中之對，符其指歸；而建議身自使備，勸備與權併力，『同心一意，共治曹操』，尤爲先得孔明心中之所同然。是以能於曹公大兵偪壓，『惶遽奔走』之際，一拍卽合，結定盟好，以造成一嶄新局面，眞時代之風雲人物也。

迨赤壁鏖兵，曹公破走，『備見權求都督荆州，惟肅勸權借之，共拒曹公。』（肅傳。漢晉春秋曰：『呂範勸留備，肅曰：「不可。將軍雖神武命世，然曹公威力實重，初臨荆州，恩信未洽，宜以借備，使撫安之，多操之敵，而自爲樹黨，計之上也。」權即從之。』）『曹公聞權以土地業備，方作書，落筆於地。』（肅傳）及劉備西圖劉璋（建安十六年公元二一一年），留關羽守荆州，肅已先一年代周瑜領兵，屯陸口，與羽分土接境。權將呂蒙密陳計策攻羽，肅『以爲曹公尚存，禍難始搆，宜相輔協，與之同仇，不可失也。』（吳志呂蒙傳）『備既定益州（建安十九年公元二一四年），權求長沙零桂，備不承旨，權遣呂蒙率衆進取（建安二十年）。備聞，自還公安，遣羽爭三郡。肅住益陽，與羽相拒。肅邀羽相見，各駐兵馬百步上但諸將單刀俱會。……備遂割湘水爲界，於是罷軍。』（肅傳）肅維護孫劉合作之決心，與好整以暇之風度，俱有足多。肅年四十六，建安二十二年（公元二一七年）卒，諸葛亮爲發哀。是年，孫權遣都尉徐詳詣曹公降。又二年，呂蒙襲荆州，虜關羽。孫劉結盟，倡自魯肅，肅死未寒，吳蜀搆怨。亮之悼肅，豈私情也哉？

第三節　三國之行人

三國局勢，以劉孫結盟（公元二〇八年）爲第一時期，荆吳搆兵（公元二一九年）爲第二時期，吳蜀續好（公元二二三年）爲第三時期。諸葛亮使孫權，魯肅使劉備與夫由併力而鼎立之迹，已詳上節。至若東吳背盟吳蜀復通，其間吳蜀行人有足述者。

第一目　蜀之行人

一、鄧　芝

鄧芝，字伯苗，義陽新野人，漢司徒禹之後也。漢末入蜀。先主定益州，擢郫令，遷廣漢太守，所在清嚴有治績。入爲尙書。先主之敗秭歸，還住永安。孫權聞之，甚懼。遣大中大夫鄭泉吳書：泉字文淵，陳郡人。聘于白帝請和，然猶與魏文帝相往來。先主亦遣宋瑋費禕等答之。先主薨於永安章武三年，即後主建興元年，公元二二三年，丞相諸葛亮深慮權聞先主殂隕，恐有異計，未知所如。芝見亮曰：『今主上幼弱，初在位，宜遣大使，重申吳好。』亮答之曰：『吾思之久矣，未得其人耳，今日始得之。』芝問『其人爲誰』？亮曰：『卽使君也』。乃遣芝修好於權。

權果狐疑，不時見芝。芝乃自表請見權，曰：『臣今來亦欲爲吳，非但爲蜀也。』權乃見之，語芝曰：『孤誠願與蜀和親，然恐蜀主幼弱，國小勢偪，爲魏所乘，不自保全，以此猶豫耳。』芝對曰：

『吳蜀二國，四州之地。大王命世之英，諸葛亮亦一時之傑也。蜀有重險之固，吳有三江之阻，合此二長，共爲脣齒，進可幷兼天下，退可鼎足而立，此理之自然也。大王今若委質於魏，魏必上望大王之入朝，下求太子之內侍。若不從命，則奉辭伐叛，蜀必順流，見可而進，如此江南之地，非復大王之有也。』

權默然良久，曰：『君言是也』。遂自絕魏，與蜀連和，遣張溫報聘於蜀（按吳志：『黃武二年，十一月，蜀使中郎將鄧芝來聘。三年夏，遣輔義中郎將張溫聘于蜀。』）。蜀復命芝重往。權謂芝曰：『若天下太平，二主分治，不亦樂乎？』芝對曰：『夫天無二日，土無二王。如幷魏之後，大王未深識天命者也。君各茂其德，臣各盡其忠，將提枹鼓，則戰爭方始耳。』權大笑曰：『君之誠款，乃當爾邪？』權與亮書曰：『丁厷掞張（按丁厷人名，掞音夷念反，謂丁厷之言浮誇也。），陰化不盡。和合二國，惟有鄧芝。』（蜀志鄧芝傳）

鄧芝使吳於巨創新喪之後，主少國疑之時，而欲尋盟申好，其任務至艱也。以態度之誠款，詞令之雅嫻，成其使命。諸葛之妙選，伯苗之貞幹，俱爲不可及矣。求之西人，惟維也納會議中法國代表泰勒蘭（Tyllerand）存危國之功，堪與比擬。（按吳志裴松之注，吳錄曰：『是歲（黃武三年），蜀主又遣鄧芝來聘，重結盟好。權謂芝曰：「山民作亂，江邊守兵多徹。慮曹丕乘虛弄態，而反求和議者，以爲內有不暇，幸來求和，於我有利，宜當與通，以自辨定。恐西州不能明孤赤心，用致嫌疑。孤土地邊外，間隙萬端，而長江巨海，皆當防守。丕觀釁而動，惟不見便。寧得忘此，復有他圖。」』）

二、陳　震

陳震，字孝起，南陽人也。以從事隨先主入蜀，拜汶山太守。建興三年（魏黃初六年吳黃武四年公元二二五年），入拜尚書，遷尚書令。七年（魏明帝太和三年吳黃龍元年公元二二九年），孫權稱尊號，以震爲衞尉，賀權踐阼。諸葛亮與兄瑾書曰：『孝起忠純之性，老而益篤。及其贊述東西，歡樂和合，有可貴者。』震入吳界，移關侯曰：『東之與西，驛使往來，冠蓋相望，申明初好，日新其事。東尊應保聖祚，告燎受符，剖判土宇，天下響應，各有所歸。於此時也，以同心討賊，則何寇不滅哉？西朝君臣，引領欣賴。震以不才，得充下使，奉聘叙好，踐界踴躍，入則如歸。獻子適魯，犯其山諱，春秋譏之（晉語：「范範子聘於魯，問具山敖山，魯人以其鄉對。獻子曰，不爲具敖乎？對曰，先君獻武之諱也。」韋昭註，士鞅聘在魯昭二十一年。）。望必啓告，使行人睦焉。卽日張旍誥衆，各自約誓。順流漂疾，國典異制，懼或有違，幸必斟誨，示其所宜。』

震到武昌，孫權與震升壇歃盟，交分天下。以徐豫幽青屬吳，并涼冀兗屬蜀，其司州之土，以函谷關爲界（蜀志陳震傳）。造爲盟曰：

『天降喪亂，皇綱失叙，逆臣承釁，刼奪國柄。始於董卓，終於曹操，窮凶極惡，以覆四海。至令九州幅裂，普天無統，民神痛怨，靡所戾止。及操子丕，桀逆遺醜，荐作姦回，偷取天位。而叡（魏明帝名）么麼，尋丕凶蹟，阻兵盜土，未伏厥誅。昔共工亂象，而高辛行師，三苗干度，而虞舜征焉。今日滅叡，禽其徒黨。非漢與吳，將復誰任？夫討惡翦暴，必聲其罪，宜先分裂，奪其土地，使士民之心，各知所歸。是以春秋晉侯伐衛，先分其田以畀宋人，斯其義也。

『且古建大事，必先盟誓，故周禮有司盟之官，尚書有告誓之文。漢之與吳，雖信由中，然分土裂境，宜有盟約。諸葛丞相，德威遠著，翼戴本國，典戎在外（按是時亮出建威，擊魏雍州刺史郭淮，平武都陰平二郡。）。信感陰陽，誠動天地，重復結盟，廣誠約誓，使東西士民，咸共聞知。故立壇殺牲，昭告神明，再歃加書，副之天府。天高聽下，威靈棐諶，司慎司盟，羣神羣祀，莫不臨之。自今日漢吳既盟之後，勠力一心，同討魏賊。救危恤患，分災共慶，好惡齊之，無或攜貳。若有害漢，則吳伐之；若有害吳，則漢伐之。各守分土，無相侵犯，傳之後葉，克終若始。凡百之約，皆如載書。信言不豔，實居于好。有渝此盟，創禍先亂。違貳不協，慆慢天命，明神上帝，是討是督，山川百神，是糾是殛，俾墜其師，無克祚國。于爾大神，其明鑒之。』（吳志卷二）

斯盟可稱為吳蜀劃界友好、攻守同盟、互不侵犯條約。蜀為主盟，魏為共敵，雖未能誅滅曹魏，禽其徒黨，然陳震代表蜀漢，與吳主設壇殺牲，信誓神明，奠兩國共存之基，春秋而下，僅見此盟！（按吳志赤烏七年（蜀延熙七年公元二四四年）『步隲朱然等各上疏云：「自蜀還者，咸言欲背盟，與魏交通。多作舟船，繕治城郭。又蔣琬守漢中，聞司馬懿南向，不出兵乘虛以犄角之，反委漢中，還近成都。事己彰灼，無所復疑，宜為之備。」權揆其不然。曰：「吾待蜀不薄，聘享盟誓，無所負之，何以致此？又因司馬懿前來入舒，旬日便退，蜀在萬里，何知緩急而便出乎？昔魏欲入漢川，此間始嚴，亦未舉動，會聞魏還而止。蜀寧可復以此疑邪？又人家治國，舟船城郭，何得不護？今此間治軍，寧復欲以禦蜀邪？人言若不可信，朕為諸君破家保之。」』蜀竟自無謀，如權所籌。』此陳震結盟後十五年事也，權之信盟如此。）

三、宗預

宗預，字德豔，南陽安衆人也。隨張飛入蜀。建興初，丞相亮以為主簿，遷參軍右中郎將。及亮卒（蜀建興十二年魏明帝青龍二年吳大帝嘉禾三年公元二三四年），吳慮魏或乘衰取蜀，增巴丘守兵萬人。一欲以為援救，二欲以事分割也。蜀聞之，亦益永安之守，以防非常。預將命使吳。孫權問預曰：東之與西，譬猶一家，而聞西更增白帝之守，何也？預對曰：

『臣以為東益巴丘之戍，西增白帝之守，皆事勢宜然，俱不足以相問也。』

權大笑，嘉其抗直，甚愛待之，見敬亞於鄧芝。預臨別謂孫權曰：

『蜀土僻小，雖云鄰國，東西相賴。吳不可無蜀，蜀不可無吳，君臣憑恃，陛下重垂神慮。』

後預復東聘吳，孫權捉預手涕泣而別。曰：『君每銜命結二國之好，今君年長，孤亦衰老，恐不復相

見。』遺預大珠一斛。（蜀志宗預傳）

第二目　吳之行人

一、趙　咨

趙咨，字德度，南陽人。博聞多識，應對辯捷。孫權爲吳王（按吳志建安二十四年孫權牋與曹公，乞以討羽自效。二十五年，冬魏文帝踐阼，權使命稱藩，及遣于禁等還。十一月，丕封權爲吳王。），擢咨中大夫使魏。魏帝問曰：『吳王何等主也』？咨對曰：『聰明仁智雄略之主也』。帝問其狀。咨曰：

『納魯肅於凡品，是其聰也；拔呂蒙於行陣，是其明也；獲于禁而不害，是其仁也；取荊州而兵不血刄，是其智也；據三州虎視於天下，是其雄也；屈身於陛下，是其略也。』帝曰：『吳可征否』？咨對曰：『大國有征伐之兵，小國有備禦之固。』又曰：『吳難魏否』？咨曰：『帶甲百萬，江漢爲池，何難之有？』魏文帝善之。還拜騎都尉。言於權曰：『觀北方終不能守盟，今日之計，朝廷承漢四百之際，應東南之運，宜改年號，正服色，以應天順民。』權納之，遂於明年建元爲黃武，並遣使聘劉備于白帝以求和焉。（吳志卷二）

二、馮　熙

馮熙，字子柔，潁川人，馮異之後也。權之爲車騎將軍（按吳志：建安十四年（公元二〇九年）劉備表權行車騎將軍。），歷東曹掾。使蜀，還爲中大夫。黃武二年，使于魏。文帝問曰：『吳王若欲修宿好，宜當厲兵江關，縣旆巴蜀，而聞復遣修好，必有變故。』熙曰：『臣聞西使直報問，且以觀釁，非有謀也。』又曰：『聞吳國比年災旱，人物凋損，以大夫之明觀之，何如？』熙對曰：

『吳王聽量聰明，善於任使。賦政施役，每事必咨。敬養賓旅，親賢愛士。賞不擇怨仇，而罰必加有罪。臣下皆感恩懷德，惟忠與義。帶甲百萬，穀帛如山，稻田沃野，民無饑歲，所謂金城湯池富彊之國也。以臣觀之，輕重之分，未可量也。』

文帝不悅。以陳羣與熙同郡，使羣誘之，啗以重利，熙不爲迴。送至摩陂，欲困苦之，後又召還。未至，熙懼見迫不從，必危身辱命，乃引刀自刺，御者覺之，不得死，權聞之。垂涕曰：『此與蘇武何異？』竟死於魏。吳志卷二

三、張　溫

張溫，字惠恕，吳郡人也。少脩節操，容貌奇偉。權聞之，徵到延見，文辭占對，觀者傾竦。拜議郎，選曹尚書，徙太子太傅，甚見信重。黃武二年，十一月，蜀使中郎將鄧芝來聘。三年夏，以溫爲輔義中郎將聘于蜀。權謂溫曰：『卿不宜遠出。恐諸葛亮不知吾所以與曹氏通意，以故屈卿行。若山越都除，便欲大構於蜀。行人之義，受命不受辭也。』溫對曰：『臣入無腹心之規，出無專對之用，懼無張老延譽之功，又無子產陳事之效。然諸葛亮達見計數，必知神慮屈申之宜，加受朝廷天覆之惠。推亮之心，必無疑貳。』溫至蜀，詣闕拜章曰：

『昔高宗以諒闇，昌殷祚於再興；成王以幼沖，隆周德於太平。功冒溥天，聲貫罔極。今陛下以

聰明之姿，等契往古，總百揆於良佐，參列精之炳燿，遐邇望風，莫不欣賴。吳國勤任旅力，清澄江滸，願與有道，平一宇內，委心協規，有如河水。軍事興煩，使役乏少，是以忍鄙倍之羞，使下臣溫通致情好。陛下敦崇禮義，未便恥忽。臣自入遠境，及即近郊，頻蒙勞來，恩詔輒加，以榮自懼，悚怛若驚。謹承所齎函書一封。』

蜀甚貴其才。吳將軍駱統（字公緒，會稽人）嘗稱其『弘雅之素，英秀之德，文章之采，論議之辯，卓躒冠羣，煒曄燿世，世人未有及之。』（吳志張溫傳）

四、張彌許晏萬泰裴潛秦旦張羣杜德黃彊

張彌、許晏、萬泰、裴潛、秦旦、張羣、杜德、黃彊者，不知何許人，俱仕吳。張彌官太常，許晏執金吾，萬泰中郎將，裴潛校尉（三國志魏志卷八公孫度傳裴注引魏略），秦旦、張羣、杜德、黃彊皆中使（同書吳志卷二孫權傳嘉禾二年：「皆不克還」下裴注引吳書）。初，遼東太守公孫康『殺吳使，結為讎隙』（度傳：「悉斬送彌晏等首」下裴注引魏略）。康死，子淵立，『遣校尉宿舒，郎中令孫綜甘言厚禮以誘吳賊。』（同上注）吳嘉禾二年三月『遣舒、綜還，使太常張彌，執金吾許晏，將軍賀達等將兵萬人，金寶珍貨，九錫備物，乘海授淵。舉朝大臣自丞相雍以下皆諫，以為淵未可信，而寵待太厚，但可遣吏兵數百，護送舒、綜，權終不聽，淵果斬彌等，送其首于魏，沒其兵資。』（吳志卷二孫權傳嘉禾二年）公孫度傳亦有：『權遣張彌、許晏、等齎金玉珍寶，立淵為燕王；淵亦恐權遠不可恃，且貪貨物，誘致其使，悉斬送彌、晏等首。』（魏志卷八公孫度傳）之記載。復據權傳『皆不克還』下，裴注引吳書：

『初，張彌、許晏等俱到襄平，官屬從者四百許人。淵欲圖彌、晏，先分其人衆置遼東諸縣，以中使秦旦、張羣、杜德、黃彊等及吏兵六十人置玄菟郡，玄菟郡在遼東北，相去二百里，太守王贊領戶二百兼重（衆應作）可三四百人。旦等皆舍于民家，仰其飲食，積四十許日。旦與彊等議曰：「吾人遠辱國命，自棄于此，與死亡何異？今觀此郡，形勢甚弱，若一旦同心，焚燒城郭，殺其長吏，爲國報恥，然後伏死，足以無恨；孰與偷生苟活，長爲囚虜乎？」彊等然之。于是陰相約結，當用八月十九日夜發，其日中時，爲部中張松所告。贊便會士衆閉城門，旦、羣、德、彊等皆踰城得走。時羣病疽，創著膝，不及輩旅，德常扶接，與俱崎嶇山谷。行六七百里，創益困，不復能前，臥草中，相守悲泣。羣曰：「吾不幸創甚，死亡無日，卿諸人宜速進道，冀有所達；空相守，俱死于窮谷之中，何益也？」德曰：「萬里流離，死生共之，不忍相委。」于是推旦、彊使前，德獨留守羣，捕菜果食之。旦、彊別數日，得達于句驪王宮。因宣詔于句驪王宮及其主簿，詔言有賜，爲遼東所攻奪。宮等大喜，即受詔命。使人隨旦還，迎羣、德。其年，宮遣皁衣二十五人送旦等還，奉表稱臣，貢貂皮千枚，鶡鷄皮十具。旦等見權，悲喜不能自勝。權義之，皆拜校尉。』

張彌等之乘海赴遼東冊封公孫淵也，履波濤之險，蹈不測之淵，而奉使盡節，有死無貳；秦旦等遠投荒裔，顚沛流離，冒九死達高句驪使之稱藩，收桑榆之功，若爾人者，胥可泣可歌，凜烈萬古。吳志不爲張彌、秦旦等人立傳，幸裴注存其行實，因綴輯著錄，以爲『使于四方，不辱君命』者勸。旦等之但拜校尉，亦猶蘇武之典屬國，賞不酬功，自古皆然！抑吳、燕連和撓魏，實開高麗連陳拒隋，南唐連契丹擾後周、北宋，及宋、金海上之盟之先例。江南、東北連和抗拒中原，亦地勢使之然歟？

第六章　南北朝時代之行人

第一節　晉及南北朝之形勢

曹魏挾漢，主政中原。當蜀吳鼎立，曹、劉爭奪襄樊，孫權襲殺關羽前後，曹孫之間，亦嘗有使節往還，曹、劉則有爭戰而無邦交，已如上章所述。及代漢建國，政在司馬氏，方陰規篡奪，依樣葫蘆。而吳亦改元自主，聯蜀拒魏（公元二二二年，魏文帝黃初三年，蜀章武二年，吳黃武元年。）。內尋干戈，外乏遠略，行人殆絕迹矣。魏齊王芳正始元二年間（公元二四〇至二四一年），雖遣使通倭，倭亦答禮貢獻，要屬宣慰朝聘之虛文，非有實際問題存在，有賴行人之折衝，是以其人其事俱無傳焉。

晉武帝（司馬炎）篡魏（公元二六五年魏陳留王咸熙二年）滅吳（公元二八〇年武帝太康元年），統一中國，分封同姓，徙置戎狄。『見土地之廣，謂萬業而無虞；覩天下之安，謂千年而永治。』（晉書武帝論贊）海內已無敵國，『大鴻臚統大行典客』者，（晉書卷二十四職官志）不過冷署閒曹備職官而已。洎八王循亂，劉淵興兵，『戎羯稱制，二帝（懷愍）失尊。』『擾天下如驅羣羊，取二都如拾遺芥。』（晉書卷五懷愍論贊）帝室播遷，生靈塗炭，爭奪未遑，救死不贍，更無從修禮樂儀文矣。

元帝（琅邪王睿）江左稱制（公元三一七年），南朝偏安，是爲東晉之始。攷晉惠帝永興元年（公元三〇四年），劉淵僭王（懷帝永嘉二年，公元三〇八年，淵僭帝號，稱漢，都平陽。），迄隋文帝（楊堅）開皇九年（公元五八九年），滅陳一統，亘二百八十五年，干戈相尋無寧歲，實爲一箇時期，可謂爲中國之三百年戰爭。其間少數民族，乘時崛起，稱帝稱王，蓋爲五胡十六國（實二十餘國），興亡勃忽（前趙亡于後趙，後趙亡于冉魏，冉魏滅于前燕，李成滅于東晉。前秦平前涼、代、前燕，西秦滅前秦、南涼，夏滅西秦，吐谷渾滅夏。後燕滅西燕，北燕滅後燕，後秦滅後涼，北涼滅西涼。東晉北殄南燕、後秦，西摧譙縱。），迨元魏拓跋氏克翦北燕、北涼，遂奄有河朔。（事在宋文帝元嘉十六年）

元魏之始興也，於魏晉爲臣屬。北史：魏神元皇帝（力微）三十九年（公元二五八年魏高貴鄉公甘露三年），帝告諸部大人爲與晉和親計。四十二年（公元二六一年魏陳留王景元二年），遂遣子沙漠汗（即文帝）如晉，以國太子留洛陽觀風土，殆若質子，十餘年方歸。昭帝（祿官）元年（公元二九五年晉惠帝元康三年），魏分國爲三部。自居上谷，以文帝子桓帝（猗㐌）居代郡，桓帝弟穆帝（猗盧）居定襄。十年（公元三〇四年晉惠帝永興元年），劉淵反離石（按晉惠帝永熙元年，公元二九〇年，晉以劉淵爲匈奴五部大都督。），桓帝與昭帝大舉助晉幷州刺史司馬騰破淵衆於西河上黨。桓帝與騰盟於汾東。次年，晉假桓帝大單于，金印紫綬。爲元魏受晉封號之始。穆帝三年（公元三一〇年晉懷帝永嘉四年），復使弟子平文皇帝（鬱律）助晉幷州刺使劉琨攻劉淵有功。懷帝進穆帝大單于，封代公。八年（公元三一五晉愍帝建興三年），愍帝進帝爲代王，署官屬，食代常山二郡。蓋自神元以來與晉和好，受其官號，紓其急難。平文皇帝五年（公元三二一年晉元帝大興四年），晉元帝遣使韓暢加崇爵服，帝絕之，爲東晉北魏絕交之始。（北史卷一）

及東晉孝武帝太元十一年（公元三八六年），代王拓拔珪（道武帝）改號曰魏，建元登國。安帝隆安二年（公元三九八年），珪稱帝，改元天興。越四十一年，魏太武帝（燾）太延五年（公元四三九年宋文帝元嘉十六年），滅北涼沮渠牧犍，統一北方野蠻民族。『島夷』『索虜』，分帝南北，是爲南北朝對立之始。惟自永嘉而後，衣冠觀念重，胡羯防閑嚴。『姬漢舊邦，無取雜種』之說（丘遲與陳伯之書），正漢族自尊精神之流露。方之西方歷史，五胡之亂華，猶野蠻人種之南侵也；北朝之對立，猶神聖羅馬帝國之興起也。按晉安帝義熙十四年（公元四一八年魏明元皇帝（嗣），神瑞三年），三月，晉人始聘魏（北史卷一明元帝紀）；越二年（公元四二〇年），宋武帝（劉裕）代晉。又七年，魏太武帝始光二年（公元四二五年宋文帝元嘉二年），四月，魏始使龍驤將軍步堆使宋。蓋自晉元帝大興四年以來，九十有七年（公元三二一—四一八年），南朝與北方民族無外交，而北朝之報聘，又後七年焉。茲著表以明之。

第二節　南北朝之交聘

南北朝交聘表　一、南朝與北魏（文據北史參考三國志晉書宋書齊書魏書及南史）

公元	南朝	北朝	事蹟
二五八	魏高貴鄉公甘露三年	北魏神元皇帝三十九年	魏帝告諸部大人爲與晉和親事。
二六一	陳留王景元二年	神元皇帝四十二年	遣子沙漠汗（即文帝）如晉，以國太子留洛陽觀風土，後文帝以神元春秋已高，求歸。晉武帝具禮遣送。
二七五	晉武帝咸寧元年	神元五十六年	文帝復如晉，其冬，欲還國，晉征北將軍衛瓘以文帝雄異，恐爲後患，請留不遣；復請以金錦賂國之大人，令致間隙，神元五十八

			年方歸。
三二一	晉元帝大興四年	平文皇帝五年	晉元帝遣使韓暢崇爵服，帝絕之。
三三三	晉成帝咸和八年	後後趙石勒建平四年	正月，景（唐人諱丙借用景）子，石勒遣使致賂，詔焚之。（按此事晉書及周濟晉略石勒載記並未載。資治通鑑晉紀十七，咸和：「八年正月丙子，趙主勒遣使來修好，詔焚其幣。」胡注：「晉雖未能復君父之仇，而焚幣一事，猶足舒忠臣義士之氣。」惟晉書石勒載記，稱其「以咸和七年死」，何能于八年「遣使致賂」？茲從晉書卷七成帝本紀及通鑑。以通鑑有咸和八年六月「趙主勒寢疾」，「秋七月勒疾篤」及「戊辰勒卒」之文。）
三八五	晉孝武帝太元十年	前秦苻堅建元二十年（按苻堅以晉哀帝興寧三年即公元三六五年改元為建元，自後未再改元。）	三月，苻堅國亂，使使奉表請迎龍驤將軍劉牢之及慕容垂戰于黎陽。（晉書卷九孝武帝紀。按晉書卷百十四，苻堅載記：姚「萇求傳國璽于堅，堅曰，璽已送晉，不可得也。」可見其遣使請迎時，不但奉表，且送璽也。）
四一八	安帝義熙十四年	北魏明元皇帝神瑞三年	三月，晉人來聘。
四二一	宋武帝永初二年	神瑞六年	九月，壬申，宋人來聘。（先一年宋代晉）
四二五	文帝元嘉二年	太武皇帝始光二年	四月，詔龍驤將軍步堆使宋。
	三年	三年	宋人來聘。
	四年	四年	四月，丁未，詔員外散騎常侍步堆使于宋。

四二八	文帝元嘉五年	太武皇帝神䴥元年	夏，四月，宋人來聘。
	八年	四年	閏六月，乙未，詔散騎常侍周紹使于宋。北史列傳第二十一李順傳：『沮渠蒙遜以河西內附，帝（太武）欲簡行人。崔浩曰，宜令清德重臣，尙書順，即其人也。帝曰，順納言大臣，不宜爲此。使蒙遜身執玉帛來朝，何以加之？浩曰，邢貞使吳，亦魏之太常。』邢貞使宋，當在元魏滅北涼之前。附見于此。
四三二	文帝元嘉九年	太武皇帝延和元年	五月，宋人來聘。 六月，辛卯，詔兼散騎常侍鄧穎使于宋。
	十年	二年	二月，壬午，詔兼散騎常侍宋宣使于宋。 九月，宋人來聘，並獻馴象一。 十二月，辛未，詔兼散騎常侍盧玄使于宋。
四三六	文帝元嘉十三年	太武皇帝太延二年	三月，景辰，宋人來聘。 七月，庚戌，詔散騎常侍游雅使于宋。
	十四年	三年	三月，丁酉，宋人來聘。
		四年	十二月，詔兼散騎常侍高雅使于宋。雅亦作『推』。北史列傳第十九高允傳：『弟推，字仲讓，早有名譽。太延中，以前後南使不稱，妙簡行人，游雅薦推應選，詔兼散騎常侍使宋。南人稱其才辯。』是也。允傳中亦有名雅者，但爲晚生，位撫軍府長史，不類。

	十六年	五年	十一月，乙巳，宋人來聘，並獻馴象一。
四四〇	文帝元嘉十七年	太武皇帝太平眞君元年	二月，己巳，詔假通直常侍邢穎使于宋。『穎以才學知名太武時，與范陽盧玄等同徵。』即于太和十七年使齊邢巒（見表一）之祖，惟本傳作「潁」。北史列傳第三十一邢巒傳。
	十八年	二年	四月，丁巳，宋人來聘。
			八月，辛亥，詔散騎常侍張偉使于宋。
			十二月，景子，宋人來聘。
	二十一年	五年	八月，壬午，詔員外散騎常侍高濟使于宋。
			十一月，宋人來聘。
	二十二年	六年	正月，辛亥，詔兼員外散騎常侍宋愔使于宋。
	二十五年	九年	正月，宋人來聘。
四五〇	二十七年	十一年	車駕南征。十二月，丁亥，車駕至淮。詔刈萑葦，作筏數萬而濟，淮南皆降。癸未，車駕臨江，起行宮于瓜步山，諸軍同日皆臨江，所過城邑，莫不望風崩潰，其降附者不可數。甲申，宋文帝使獻百牢宋書：『使饋百牢于魏。』，貢

			其方物；又請進女于皇孫，以求和好。帝以師婚非禮，許和而不許婚。使散騎侍郎夏侯野報之。帝詔皇孫爲書，致書通問焉。（此春秋時代所謂：「兵交，使在其間可也。」（參考三十面）
四五一	文帝元嘉二十八年	太武皇帝正平元年	十月，庚申，宋人來聘；詔殿中將軍郎法祐使于宋。
四六〇	孝武大明四年	文成皇帝和平元年	正月，庚午，詔散騎侍郎馮闡使于宋。 十一月，詔散騎侍郎盧度世使于宋。（度世，玄子也。）（北史列傳第十八）
	五年	二年	三月，宋人來聘。 十月，詔員外散騎常侍游明根使于宋。（北史列傳第二十二，游雅傳：「明根字志遠，雅從祖弟也。」）
	六年	三年	三月，甲申，宋人來聘。（南史列傳第四十，明僧紹弟僧暠傳：「宋大明中再使魏。」和平二年三年兩書「宋人來聘」，當係此人。） 十月，詔員外散騎常侍游明根使于宋。
	七年	四年	十月，詔員外散騎常侍游明根使于宋。

四六七	明帝泰始三年	獻文帝皇興元年	正月，宋人來聘。
	四年	二年	三月，戊午，宋人來聘。
	五年	三年	十一月，丁未，魏人來聘。南史卷三宋明帝紀
	六年	四年	六月，宋人來聘。
四七一	七年	孝文帝延興元年卽皇興五年	二月，乙亥，詔假員外散騎常侍邢祐使于宋。南史卷三，宋本紀，泰始七年三月辛酉：『魏人來聘。』祐卽于太和十七年使齊邢巒之叔祖也。（北史列傳第三十一邢祐傳） 八月，丁未，宋人來聘。
	八年	二年	正月，詔假員外散騎常侍邢祐使于宋。
四七三	後廢帝元徽元年	三年	正月，庚辰，詔員外散騎常侍崔演使于宋。南史卷三，宋本紀，後廢帝元徽元年：『魏人來聘。』 九月，乙亥，宋人來聘。南史，列傳第三十九，劉善明傳：『元徽初，遣北使，令善明舉人，善明舉州鄉北平田紹惠使魏。』
	二年	四年	三月，丁亥，詔員外散騎常侍許赤武使于宋。 十月，宋人來聘。
	三年	五年	五月，景午，詔員外散騎常侍許赤武使于宋。

四七七	順帝昇明元年	孝文帝太和元年	南史卷三宋本紀，元徽三年夏六月：『魏人來聘。』 十二月，庚寅，宋人來聘。 閏十一月，庚午，詔員外散騎常侍李長仁使于宋。
	二年	二年	四月，乙丑，宋人來聘。 十月，壬辰，詔員外散騎常侍鄭羲使于宋。北史列傳第二十三，鄭羲傳：『羲字幼麟。孝文初，兼員外散騎常侍寧朔將軍陽武子使于宋。』
	三年	三年	四月，宋人來聘。四月甲午齊代宋
四八一	齊高帝建元三年	太和五年	七月，甲子，齊人來聘。 九月，庚子，閱武于南郊，大饗羣臣。齊使車僧朗以班在宋使殷靈誕後，辭不就席。宋降人解奉君刄僧朗于會中，詔誅奉君等。
四八三	武帝永明元年	太和七年	七月，甲申，詔假員外散騎常侍李彪使于齊。南史卷四，齊本紀上，永明元年，秋八月壬申：『魏人來聘。』北史列傳第二十八，李彪傳，字道固：『彪前後六度銜命，南人稱其謇博。』 十一月，辛丑，齊人來聘。南史卷四齊本紀上，永明元年一月丙寅：

二年	八年	「使驍騎將軍劉纘聘于魏。」 五月，甲申，詔員外散騎常侍李彪使于齊。 九月，甲午，齊人來聘。南史列傳第二十三，裴松之孫昭明傳：「永明二年，使魏。」北史列傳第二十四，成淹傳：「太和中，文明太后崩，齊遣其散騎常侍裴昭明，散騎侍郎謝竣等來聘。」
三年	九年	十一月，乙未，詔員外散騎常侍李彪使于齊。南史卷四，齊本紀上，永明二年，冬十二月，庚寅：「魏人來聘。」 五月，齊人來聘。南史卷四齊本紀上，永明三年，三月，甲寅：「使輔國將軍劉纘聘于魏。」北史列傳第二十八，甄琛傳：「孝文時，兼主客郎，送迎齊使彭城劉纘。」又列傳第三十，劉芳傳：「會齊使劉纘至，擢芳兼主客郎，與纘相接。」 十月，辛酉，詔員外散騎常侍李彪使于齊。南史卷四齊本紀上，永明三年，冬十一月丙辰：「魏人來聘。」
四年	十年	三月，庚戌，齊人來聘。南史卷四齊本紀上，永明四年二月壬午：「使通直郎裴昭明聘于魏。」
七年	十三年	八月，乙亥，詔兼員外散騎常侍邢產使于齊。南史卷四齊本紀上，永明七年，秋，九月，壬寅：「魏人來聘。」邢產，邢祜子也。「假常侍鄭縣子使于齊。產仍

世將命，時人美之。」（北史列傳第三十一，邢巒附祐、產傳。）其後邢巒、巒弟子昕，昕子亢，仍使江南，可謂行人世家。

八年	十四年	十二月，甲午，齊人來聘。南史卷四，齊本紀上，永明七年，十一月，戊申：「詔平南參軍顏幼明聘于魏。」 四月，甲午，詔員外散騎常侍邢產使于齊。南史卷四，齊本紀上，永明八年六月，己巳：「魏人來聘。」 十一月，丁巳，齊人來聘。南史列傳第三十九，庾蓽傳：「永明中，與魏和親，以蓽兼散騎常侍報使。」北史列傳第三十四，成淹傳：「其後齊遣其散騎常侍庾蓽，散騎侍郎何憲，主書邢宗慶等來聘，孝文敕淹接于外館。」
九年	十五年	二月，己丑，齊人來聘。南史卷四，齊本紀上，永明九年，正月戊午：「詔射聲校尉裴昭明聘于魏。」 四月，甲戌，詔員外散騎常侍李彪使于齊。南史卷四，齊本紀上，永明九年，夏，五月，丁未：「魏人來聘。」 九月，辛巳，齊人來聘。南史卷四，齊本紀上，永明九年，八月己亥：「使司徒參軍蕭琛聘于魏。」 十一月，詔假通直散騎常侍李彪聘于齊。

			南史卷四，齊本紀上，永明九年，冬十月，甲寅：「魏人來聘。」所繫月日，與此未合。
	十年	十六年	三月，齊人來聘。南史卷四，齊本紀上，永明十年，二月，乙巳：「使司徒參軍蕭琛聘于魏。」
			七月，甲戌，詔兼員外散騎常侍宋弁使于齊。弁，宋元嘉使人宋愔之孫也。「齊司徒蕭子良，秘書丞王融等皆稱美之。以志氣謇諤，不逮李彪，而韻體和雅，與止閑邃過之。」（北史列傳第十四，宋隱附愔弁傳。）
	十一年	十七年	十二月，齊人來聘。南史列傳第二十九，何憲傳：「永明十年，使于魏。」又列傳第四十七，范雲傳：「永明十年，使魏。」
			正月，詔兼散騎常侍邢巒使于齊。南史卷四，齊本紀上，永明十一年，夏，四月，癸未：「魏人來聘。」
			九月，壬子，詔兼員外散騎常侍高聰聘于齊。南史卷五，齊本紀下，永明十一年，十一月，庚戌：「魏人來聘。」北史列傳第十五，賈彝附禎傳：「太和中，以中書博士，副中書侍郎高聰使江左。」北史列傳第二十八，高聰傳：「拜中書博士，轉侍郎。」
四九四	明帝建武元年	十八年	二月，癸卯，齊人來聘。南史卷五，齊本紀下，建武元年，正月甲戌：「使司徒參軍劉斅聘于魏。」
			六月，己巳，詔兼員外散騎常侍盧昶使于齊。

南史卷五，齊本紀下，建武元年，八月，壬辰：「魏人來聘。」昶，度世子。北史列傳第十八，盧昶傳：「太和中兼員外散騎常侍使于齊。孝文詔昶又敕副使王清石」云云，則王清石即副使。

附記：按魏書卷四十七，盧玄傳附昶傳：『昶……爲太子舍人兼員外散騎常侍使于蕭昭業（卽廢帝鬱林王）。……及昶至彼，値蕭鸞（卽明帝）僭立，于是南討，昶兄淵爲別道將，而蕭鸞以朝廷加兵，遂酷遇昶等。昶本非骨鯁，聞南人云：『兄旣作將，弟爲使者。』乃大恐怖，淚汗交橫。鸞以腐米臭莝豆（通鑑作蒸豆）（補注）供之。而謁者張思寧辭氣謇諤，曾不屈撓，遂以壯烈死于館中。昶還，高祖責之曰：『銜命之禮，有死無辱，雖流放海隅，猶宜抱節致殞，卿不能長纓羈首，已足可恨！何乃俛首飲啄，自同犬馬？（通鑑作「何至自同犬馬，屈身辱國？」）有生必死，修短幾何？卿若殺身成名，貽之竹素，如何甘彼芻菽，以辱君父乎？縱不遠慚蘇武，寧不近愧思寧乎？……遂見黜罷。』記之以爲辱命者戒。

補注：按莝，斬芻也。史記范睢傳：「坐須賈于堂下，置莝豆其前，令兩鯨徒夾而馬食之。」凡牲，皆以口就食。

南北朝交聘表

二、南朝與東魏（文據北史參考魏書梁書及南史）

元魏自孝武帝後，分爲東西。元公五三四年（梁武帝大通六年），高歡擁立孝靜帝善見，都鄴，史稱東魏；孝武帝遜于長安，宇文泰輔之，史稱西魏。公元五五〇年（梁簡文帝大寶元年），高歡子洋廢東魏，是爲北齊；五五七年（梁敬帝太平二年陳武帝永定元年），宇文泰子覺亦廢西魏，是爲北周。

公元	南朝	北朝	事蹟
五三七	梁武帝大同三年	東魏孝靜帝天平四年 西魏文帝大統三年	七月，甲辰，遣散騎常侍李楷（應作諧北史有傳）聘于梁。（按梁于公元五〇二年代齊，大同二年十二月壬申，與東魏通和。南史卷七，梁本紀中，大同三年七月癸卯：「東魏人來聘。」北史列傳第十七，蕭撝傳：「東魏遣李諧，盧元明使梁。」又列傳第三十一，李諧傳：「天平末，魏欲與梁和好，以諧兼常侍，盧元明兼吏部郎，李業興兼通直常侍聘焉。」則此行有二使副。盧元明，玄之玄孫也，亦仍世將命。又北史列傳第六十九，儒林李業興傳：「天平四年與兼散騎常侍李諧，兼吏部郎盧元明使梁。」）
五三八	四年	孝靜帝元象元年 文帝大統四年	二月，景辰，遣兼散騎常侍鄭伯猷聘于梁。（南史卷七，梁本紀中，大同四年五月甲戌：「東魏人來聘。」按伯猷，羲之裔也。又北史列傳第三十八，宇文忠之傳：「元象初兼直通散騎常侍，副鄭伯猷使梁。」） 十月，梁人來聘。（南史卷七，梁本紀上，大同四年七月戊辰：「遣兼散騎常侍劉孝儀聘于東魏。」）

五三九	五年	孝靜帝興和元年 文帝大統五年	十二月，遣陸操聘于梁。 六月，丁酉，梁人來聘。北史文苑，溫子昇傳：「永熙中爲侍讀兼舍人，鎭南將軍，金紫光祿大夫，後領本州大中正。梁使張皐寫子昇文筆，傳于江外。」永熙改元只二年，中歷天平，元象至興和元年共七年。元象使人已著錄，此行合是張皐。 八月，壬辰，遣散騎常侍王元景聘于梁。據北史列傳第十二，元景名昕：「元象元年，兼散騎常侍聘梁，魏收爲副。」列傳第四十四，魏收傳：「收兼通直散騎常侍，副王昕聘梁。」是也。唯王傳繫在元象元年，是年使人爲鄭伯猷，當以本紀爲是。
	六年	孝靜帝興和二年 文帝大統六年	三月，乙卯，梁人來聘。南史卷七，梁本紀中，大同五年十二月：「使散騎常侍柳豹聘于東魏。」 五月，壬子，遣散騎常侍李象聘于梁。北史列傳第三十一，邢巒弟子昕傳：「除通直常侍加中軍將軍，興和中，以本官副李象使于梁。昕好忤物，人謂之牛，是行也，談者謂之牛象鬥于江南。」又本傳稱：「梁使兼散騎常侍劉孝儀等來聘，詔昕兼正員郎迎于境上。」 十月，丁未，梁人來聘。南史卷七，梁本紀中，大同六年七月丁亥：「東魏人來聘，遣散騎常侍陸晏子報聘。」即報李象等之聘也。 十二月，乙亥，遣兼散騎常侍崔長謙聘于梁。
	七年	孝靜帝興和三年	六月，乙丑，梁人來聘。南史卷七梁本紀中，大同七年四月戊申：

		文帝大統七年	『東魏人來聘。遣兼散騎常侍明少遐報聘。』按少遐後入北齊。（北史文苑傳） 八月，甲子，遣散騎常侍李騫聘于梁。北史列傳第三十二，崔光附子劼傳：『興和三年，兼通直散騎常侍使梁。』則崔劼其使副也。按騫字希義：『博涉經史，文藻富贍。』（北史列傳第二十一，李順傳。）
	八年	孝靜帝興和四年 文帝大統八年	正月，景辰，梁人來聘。南史卷七，梁本紀中，大同七年十二月壬寅：『東魏人來聘，遣兼散騎常侍袁狎報聘。』 四月，景寅，遣兼散騎常侍李儉聘于梁。北史列傳第二十一，李義深傳：『弟同軌，興和中，兼通直散騎常侍使梁。』即儉之使副也。 十月，甲寅，梁人來聘。 十二月，辛亥，遣兼散騎常侍陽斐使于梁。北史列傳第十二，崔暹附子侃傳：『後兼通直散騎常侍使梁，為陽斐副。』則此行副使，即崔子侃也。淸河崔氏，亦可稱行人世家。其後為北齊使陳之崔贍（天嘉三年見表四），及為隋使陳之崔儦（開皇七年見表七），皆系出崔暹。又北史列傳第三十七，陽斐傳：『除起部郞兼通直散騎常侍聘梁。』按通直散騎常侍之職，例充使副，當以本紀為是。又陽休之附俊之傳：『位兼通直散騎常侍，聘陳使副。』未書年月，附見于此。
五四三	九年	孝靜帝武定元年 文帝大統九年	六月，乙亥，梁人來聘。 八月，壬午，遣散騎常侍李渾聘于梁。渾，趙郡，

	十年	武定二年	平棘人也，使梁甚得美譽。梁武謂曰：『伯陽之後，久而彌盛；趙李人物，今實居多。』北史列傳第二十一。 三月，梁人來聘。 五月，遣散騎常侍魏季景聘于梁。 十一月，辛丑，梁人來聘。
	十一年	武定三年	正月，景申，遣兼散騎常侍李獎聘于梁。南史卷七，梁本紀上，大同十一年，夏四月：『東魏人來聘。』北史列傳第二十一，李獎傳，但言其『孝莊初為散騎常侍。』聘梁失載。獎，李諧兄。 七月，庚子，梁人來聘。 十月，遣中書舍人尉瑾聘于梁。北史列傳第三十一，邢昕子亢傳：『位兼通直散騎常侍使于梁，時年二十八。』通直散騎例為使副。附見于此。
五四六	梁武帝中大同元年	孝靜帝武定四年 文帝大統十二年	五月，壬寅，梁人來聘。 七月，壬寅，遣兼散騎常侍元廓聘于梁。北史列傳第八，穆子如傳：『魏末為兼通直散騎常侍聘梁。』孝靜末年主使皆已著錄，子如『為兼通直散騎常侍』，蓋副使也。合置此。
五四七	梁武帝太清元年	孝靜帝武定五年 文帝大統十三年	正月，乙丑，梁人來聘。南史卷五十七，列傳四十七，沈約孫衆傳：『累遷太子中舍人兼散騎常侍聘魏。』未書年日，附見于此。

太清二年

武帝六年
大統十四年

四月，甲午，遣兼散騎常侍李緯聘于梁。北史列傳第二十三，王慧龍玄孫松年傳：「累遷通直散騎常侍副李緯使梁。」又北史列傳第二十一，李渾傳：「渾與弟繪緯，俱為聘使主，湛（見表四）又為使副，是以趙郡人士，目為四使。」渾（見大同九年）緯並已著錄。繪傳：「武定初，兼散騎常侍為聘梁使主。」本紀失載。

二月，己卯，梁遣使求和。北史卷六，齊本紀上：「梁遣使慰文襄（即高澄）並請通和。」北史列傳第七十一，庾信傳：「累遷通直散騎常侍，聘于東魏，文章辭令，盛為鄴下所稱。還為建康令。侯景作亂，簡文帝命信營于朱雀航。」信之使東魏，當在此時。又北史列傳第二十六，裴讓之傳：「歷文襄大將軍主簿，中書舍人，後兼散騎常侍聘梁。」本紀失載，附見于此。

九月，乙酉，梁人來聘。南史卷七，梁本紀中，太清二年，秋七月：「使兼散騎常侍謝班聘于東魏結和。」又南史列傳第五十二，朱异傳：「其年（太清二年）六月，遣建康令謝挺（北史魏收傳作珽），通直郎徐陵使北通好。」謝班，謝挺，謝珽，未知孰是。

南北朝交聘表

三、南朝與西魏 文據北史參考魏書梁書及南史

公元	南朝	北朝	事蹟
五五二	梁元帝承聖元年	西魏廢帝元年 北齊文宣帝天保三年	十一月，梁湘東王繹討侯景，擒之。遣其舍人魏彥來告，仍嗣位于江陵。南史列傳第十三，王固傳：『梁元帝承制以爲戶曹屬掌書記，尋聘魏。魏人以其梁氏外戚，待之甚厚。』
五五四	三年	西魏恭帝元年 北齊文宣帝天保五年	七月，梁元帝遣使請據舊圖以定疆，又連結于齊，言辭悖慢。帝曰：『古人有言：「天之所棄，誰能興之？」其蕭繹之謂乎！』十月，遣柱國于謹，中山公護，與大將軍楊忠、韋孝寬等步騎五萬討之。十一月，辛亥，剋江陵，戕梁元帝，虜其百官士庶以歸，沒爲奴婢者十餘萬，免者二百餘家。立蕭詧即後梁宣帝，改元大定者。爲梁主，居江陵爲魏附庸。公元五八七年，即陳後主禎明元年，隋滅之。北史列傳第七十一，庾信傳：『臺城陷後，信奔于江陵，梁元帝承制除御史中丞。及即位，轉右衛將軍封武康侯加散騎侍郎，聘于西魏。屬大軍南討，遂留長安。』則此番使人，即庾信也。按信之

使東魏，以「文章辭令，見稱鄴下」（見表二），何致「言辭悖慢」？或者由于關河分隔，兵戈相尋，「連結于齊」，已不可恕，「言辭悖慢」云云，適爲「欲加之罪」耳。又北史列傳第六十二，柳裘傳：「字茂和，梁元帝爲魏軍所逼，遣裘請和于魏。俄而江陵平，遂入關中。」

南北朝交聘表　四、南朝與北齊　文據南北史參考魏書北齊書梁書及陳書

公元	南朝	北朝	事蹟
五五〇	梁簡文帝大寶元年	北齊文宣帝天保元年 西魏文帝大統十五年	十一月，甲寅，梁湘東王繹遣使朝貢。
五五一	梁豫章王天正元年	天保二年 大統十六年	正月，丁未，湘東王繹遣使朝貢。是年七月，侯景廢簡文帝，立豫章王棟。十一月，又廢之自立。 三月，己未，詔梁承制湘東王繹爲梁使持節假黃鉞相國建梁臺總百揆承制梁王。 夏四月，壬辰，梁王蕭繹遣使朝貢。 冬十月，庚辰，蕭繹遣使朝貢。
五五二	梁元帝承聖元年	北齊天保三年 西魏廢帝元年	三月，癸未，詔進梁王蕭繹爲梁主。 五月，齊人賀平侯景。 十一月，辛巳，梁主蕭繹即位于江陵，遣使來聘亦告于西魏。南史列傳第五十二，徐陵傳：『梁元帝承制于江陵，復通使于齊。』敬帝『紹泰二

	承聖二年	北齊天保四年 西魏廢帝二年	年（即太平元年）又使齊。」閏十一月，梁人來聘。按蕭繹通齊，為招致西師之主因。
五五六	梁敬帝太平元年	北齊文宣帝天保七年　西魏恭帝二年	二月，齊人來聘，使侍中王廓報聘。
	太平二年		夏四月，己卯，齊遣使通和。
五五七	陳武帝永定元年 即梁敬帝太平二年	北齊文宣帝天保八年　西魏恭帝三年	十月，乙亥，陳武帝遣使稱藩朝貢。南史列傳第十六，袁憲傳：「陳受命，授中書侍郎兼散騎常侍，與黃門郎王瑜使齊。數年不歸，天嘉初乃還。」是年，陳代梁。
	永定二年	北齊天保九帝 西魏恭帝四年	十一月，丁巳，梁湘州刺史王琳遣使請立蕭莊為梁主。仍以江州內屬，令莊居之。
	永定三年	北齊天保十年 北周明帝武成元年	三月，梁主蕭莊至郢州，遣使朝貢。是謂西梁。北史列傳第三十，劉逖傳：「乾明元年（北齊廢帝年號，即天保十年，公元五五九年。），兼員外散騎常侍使宋（應作西梁主蕭莊。」按北齊之扶植蕭莊，與西魏之戕蕭繹（梁元帝）而立蕭詧為附庸，有異曲同工之妙。
五六一	陳文帝天嘉二年	北齊武成帝泰寧元年 北周武帝保定元年	夏六月，己亥，齊人通好。北史列傳第十二，王皓傳：「太寧初，兼散騎常侍聘陳使主。」又列傳第十六，源彪傳：「累遷涇州刺史，以恩信待物，甚得邊境之和，為鄰人所欽服。時李貞聘陳，陳主云，齊朝還遣源涇州來在瓜步，眞可謂通和矣。」則李貞當是使副。先是齊納蕭淵明為梁帝不成，

	天嘉三年	北齊武成帝河清元年 北周武帝保定二年	猶有瓜步，陳文帝故云。越十一年，陳始收復失地。彪傳：『武平三年（公元五七二年），陳將吳明徹寇淮南，歷陽瓜步相尋失守。』是也。 二月，詔散騎常侍崔瞻聘于陳。南史卷九，陳本紀上，天嘉三年夏四月乙巳：『齊人來聘。』 七月，陳人來聘。 十一月，丁丑，詔散騎常侍封孝琰使于陳。北史列傳第二十一，李渾傳：『子湛，字處元，涉獵文史，有家風，兼通直散騎常侍聘陳使副。』又李少通『太子舍人，為副使聘于江南。』俱未繫年月，附見于此。
	天嘉四年	河清二年 保定三年	四月，戊午，陳人來聘。 六月，乙卯，詔兼散騎常侍崔子武聘于陳。 十二月，癸巳，陳人來聘。南史列傳第五十，江德藻傳：及陳武帝受禪，為秘書監兼尚書左丞：『天監（應作嘉）中，兼散騎常侍與中書侍郎劉師知使齊。』
	天嘉五年	河清三年 保定四年	四月，辛卯，詔兼散騎常侍皇甫亮使于陳。南史卷九，陳本紀上，天嘉五年夏五月：『周齊並遣使來聘。』 九月，陳人來聘。 十一月，戊戌，詔兼散騎常侍劉逖使于陳。

			南史卷九，陳本紀上，天嘉五年十二月癸未：『齊人來聘。』北史列傳第三十，劉逖傳：『尋兼散騎常侍聘陳使主。逖欲獨擅文藻，不願與文士同行。時黃門侍郎王松年妹夫盧士游性沉密，逖求以爲副。』則士游其使副也。
五六五	天嘉六年	北齊後主天統元年 北周武帝保定五年	四月，乙亥，陳人來聘。南史列傳第三十八，陸琰傳：『陳文帝以琰博學善占對，引置左右，俄兼通直散騎常侍，副琅邪王厚聘齊。至鄴而厚卒，琰爲主使。時年二十餘，風氣韶亮，占對閑敏，齊士大夫甚傾心焉。』未繫年，附見于此。 六月，己巳，兼散騎常侍王季高使于陳。南史卷九，陳本紀上，天嘉六年十月辛亥：『齊人來聘。』
五六六	陳文帝天康元年	北齊後主天統二年 北周武帝天和元年	二月，壬子，陳人來聘。 六月，乙卯，太上皇詔兼散騎常侍韋道儒使于陳。 十二月，乙丑，陳人來聘。
五六七	陳廢帝光大元年	天統三年 天和二年	夏四月，癸丑，太上皇詔兼散騎常侍司馬幼之使于陳。
	光大二年	天統四年 天和三年	正月，癸亥，太上皇詔兼散騎常侍鄭大護使于陳。 十一月，太上皇詔兼散騎常侍李翥使于陳。

五六九	陳宣帝太建元年	天統五年天和四年	北史列傳第二十一，李順附李孝貞傳：『字元操，好學善屬文，仕齊稍遷兼通直散騎常侍，副李𦏁（𦏁同羲）使陳』。孝貞後復兼散騎常侍，聘周使副。 夏五月，甲午，齊人來聘。
	太建二年	北齊後主武平元年 天和五年	正月，戊申，詔兼散騎常侍裴獻之使于陳。 北史列傳第二十一，李義深傳：『子騊駼，有才辯，位兼通直散騎常侍聘陳，陳人稱之。後爲壽陽道行臺左丞，與王琳同陷陳，周末逃歸。』王琳敗亡在太建五年，通直散騎常侍，例充使副，故置于此。 五月，壬午，齊人來弔。北史列傳第四十三，杜弼傳：『子蕤，字子美，武平中，位大理少卿兼散騎常侍聘陳使主。』武平使主，皆已著錄，故置于此。
	太建三年	武平二年天和六年	正月，丁丑，詔兼散騎常侍劉瓌儁使于陳。 南史卷十，陳本紀下，太建三年夏四月壬辰：『齊人來聘。』 夏四月，甲午，陳遣使連和謀伐周，朝議不許。 八月，壬申，陳人來聘。南史列傳第五十九，傅縡傳：『以本官兼通直散騎侍郎使齊。』北史列傳第二十四，辥道衡傳：『武平初，陳使傅縡聘齊，以道衡兼主客郎接待之。』
五七二	太建四年	武平三年 北周武帝建德元年	九月，陳人來聘。
	太建六年	武平五年建德三年	正月，庚辰，詔兼散騎常侍崔象使于陳。

五、南朝與北周 文據南北史參考北周書及陳書

公元	南朝	北朝	事蹟
五六一	陳文帝天嘉二年	北周武帝保定元年 北齊武成帝泰寧元年	正月，乙酉，遣御正（即納言）殷不害使于陳。按殷不害，西魏陷江陵之俘臣也。北史列傳第七十一，文苑，王褒傳：「褒與王克、劉瑴、宗懍、殷不害等數十人，俱至長安。周文（宇文泰）喜曰，昔平吳之利，二陸而已。今定楚之功，羣賢畢至，可謂過之矣。」 十一月，乙巳，陳人來聘。南史列傳第五十八，毛喜傳：「魏平江陵，喜與宣帝（即陳頊）俱遷長安。文帝即位，喜自周還，進和好之策，陳朝乃遣周弘正等通聘。」陳使人，即周弘正也。又文苑王褒傳：「褒與梁處士汝南周弘讓相善，及讓兄周弘正自陳來聘，武帝許褒等通親知音問。」
	天嘉三年	保定二年 北齊武成帝河清元年	九月，戊辰，陳人來聘。
	天嘉四年	保定三年 河清二年	七月，庚午，陳人來聘。南史毛喜傳：「及宣帝返國，又遣喜入周，以家屬爲請。」周總宰宇文護執喜手曰：「能結二國之好者，卿也。」天嘉三、四年之聘，當是毛喜，故有「又遣喜入周」之文。 十月，庚戌，陳人來聘。
	天嘉五年	保定四年河清三年	九月，丁巳，陳人來聘。

	天嘉六年	保定五年 北齊後主天統元年	六月，辛酉，北周人來聘。北史列傳第五十五，崔彥穆傳：「入為御正大夫，陳氏請敦鄰好，詔彥穆使焉。彥穆風韻閑曠，器度方雅，善玄言，解談謔，甚為江表所稱。」彥穆即周之報聘使也。 十一月，丁未，陳人來聘。
五六六	陳文帝天康元年	北周武帝天和元年 北齊後王天統二年	正月，遣小師載杜杲使于陳。 十一月，乙亥，周人來弔。北史列傳第五十五，唐謹傳：「次子令則，天和初，以齊馭下大夫使于陳。」按唐令則，後于隋開皇初使陳，見表七。
五七一	陳宣帝太建三年	北周武帝天和六年 北齊後主武平二年	五月，癸亥，遣訥言鄭詡使于陳。按詡亦羲（見表一太和二年）後裔（北史列傳第二十三）。 冬月，乙酉，周人來聘。
五七二	太建四年	北周武帝建德元年 武平三年	七月，辛丑，陳人來聘。南史列傳第五十九，姚察傳：「太建初，為通直散騎常侍，報聘于周。」 八月，辛未，周人來聘。 十月，辛未，遣小匠師楊勰使于陳。
	太建五年	建德二年 武平四年	閏正月，己巳，陳人來聘。北史列傳第五十二，柳機弟弘傳：「字匡道，建德初，陳遣王偃人來聘，武帝令弘勞之，仍令報聘。占對敏捷，見稱于時。」陳周使人即王偃人，柳弘也。

			六月，癸卯，周人來聘。 九月，乙丑，陳人來聘。
	太建六年	建德三年 武平五年	正月，甲辰，周人來聘。 十月，景申，詔御正楊尙希使于陳。北史列傳第十八，盧愷傳：「轉禮部大夫，爲聘陳使副」，合置此。愷亦盧玄（見表一）從祖裔也。
	太建七年	建德四年 武平六年	秋七月，甲戌，陳人來聘。 八月，癸卯，周人來聘。 十二月，景子，陳人來聘。
五七六	太建八年	建德五年 北齊後主隆化元年	八月，乙丑，陳人來聘。南史列傳第四十八，韋鼎傳：「太建中以廷尉卿爲聘周使，加散騎常侍。」未書年月，附見于此。
五七七	太建九年	建德六年 北齊幼主承先元年	五月，庚子，陳人來聘。
五七九	太建十一年	北周靜常大象元年	九月，遣御正杜杲使于陳。北史列傳第二十六，裴寬傳：「子義宣，後從御正杜杲使于陳。」則裴義宣，杜杲副使也。

南北朝交聘表　六、北周與北齊　文據北史參考北周及北齊書

宇文泰、高歡各挾一帝，互爭雄長，關河為之不寧；及其子宇文覺、高洋，皆廢魏自立。旋棄嫌即好，聘問之使，史不絕書。作北周與北齊交聘表。

公元	北周	北齊	事蹟
五六八	北周武帝天和三年	北齊後主天統四年 陳廢帝光大二年	八月，齊人來聘，請和親。詔軍司馬陸逞報聘。北史卷八，齊本紀下，天統四年九月景申：『周人來通和，太上皇詔侍中斛斯文略報聘于周。』北史列傳第五十七，陸逞傳：『天和三年，齊遣侍中斛斯文略，中書侍郎劉逖來聘。初脩隣好，盛選行人，詔逞為使主，尹公正為副以報之。逞美容止，善辭令，敏而有禮，齊人稱焉。』又北史列傳第七十，儒林熊安生傳：『天和三年，周齊通好，兵部尹公正使焉。』北史列傳第三十，劉逖傳：『加散騎常侍，除假儀同三司，聘周使副。二國始通，禮儀未定，逖與周朝議論往復，斟酌古今，事多合理，兼文辭可觀，甚得名譽。』按劉逖曾使西梁（見表四天保十年）及陳（見表四河淸三年），故議論禮儀，斟酌多合。又北史列傳第二十四，封孝琰傳：『為通直散騎常侍。後與周和好，以為聘周使副。』附見于此。 十一月，壬子，遣開府崔彥穆使于齊。
五六九	天和四年	天統五年 陳宣帝太建元年	正月，辛卯，朔，以齊武成帝殂故，廢朝，遣司會李綸等會葬于齊。北史列傳第四十八，李弼子綸傳：『綸至司會

			中大夫開府儀三司封河陽郡公，爲聘齊使主。」
五七一	天和六年	北齊後主武平二年 太建三年	四月，己巳，齊人來聘。北史卷八，齊本紀下，天統五年二月：「詔侍中叱列長文使于周。」 各十月，乙未，遣右武伯谷會琨使于齊。 十一月，景辰，齊人來聘。北史卷八，齊本紀下，武平二年十一月庚戌：「詔侍中赫連子悅使于周。」北史列傳第四十三，赫連子悅傳：「除太常卿兼侍中，聘周使主。」
五七二	北周武帝建德元年	武平三年 太建四年	二月，司宗李際使于齊。北史卷八，齊本紀下，武平三年夏四月：「周人來聘。」 三月，癸卯，齊人來聘。
	建德二年	武平四年 太建五年	四月，己卯，使工部代公達使于齊。 二月，壬戌，遣司會侯莫陳凱使于齊。北史列傳第二十三，鄭羲附譯傳：「建德二年，爲聘齊使副。」是鄭氏一門，亦有四使。 十月，齊人來聘。北史列傳第二十，崔鑒傳：玄孫子樞，學涉好文辭，強辯有才幹，兼散騎常侍聘周。雖未繫年月，但接敍其「仕周，位上士。」則其聘周，已屆齊末，故置于此。
	建德三年	武平五年 太建六年	三月，癸酉，皇太后叱奴氏崩。 四月，乙卯，齊人來弔賵會葬。

建德四年

武平六年
太建七年

八月，庚寅，使領軍封輔相聘于周。

二月，周人來聘。

三月，景辰，遣小司寇元衞使于齊。北史卷八，齊本紀下，武平六年四月乙未：『周人來聘。』北史列傳第五十二，韋孝寬傳：『建德之後，武帝志在平齊，孝寬乃上疏陳三策……第三策曰，臣謂宜還崇隣好，申其盟的，安人和衆，通商惠工，蓄銳養威，觀釁而動。斯則長策遠馭，坐自兼併也。書奏，武帝遣小司寇淮南公元衞，開府伊婁謙等重幣聘齊。』

六月，詔開府王師羅使于周。北史列傳第四十三，王紘傳：『王紘，字師羅。武平初，加開府儀同三司，尋兼侍中聘周。』

五七六

建德五年

北齊後主隆化元年
陳宣帝太建八年

使宣納上士伊婁謙與小司寇拓跋偉聘齊觀釁，帝尋發兵。北史列傳第六十三，伊婁謙傳：『武帝將伐齊，召入內殿，問以兵事。對曰，僞齊僭擅，跋扈不恭，沉溺倡優，耽昏麴糵。其折衝之將斛律明月已斃讒人之口，上下離心。若命六師齊進，臣之願也。帝大笑。因使謙與小司寇拓跋偉聘齊觀釁，帝尋發兵。齊主知之。令其僕射陽休之責謙曰，貴朝盛夏增兵，馬首何向？荅曰，僕拭玉之始，未聞興師。設復西增白帝之城，東益巴丘之戍，豈足怪哉？』此周取齊晉、幷之役也，爲周武建德五年事。正如漢高帝使酈生說齊，而韓信之兵，已躡其後。謙之詞令，蓋師蜀宗預之對孫權：『臣以爲東益巴丘之戍，西增白帝之守，皆事勢宜然，俱不足以相問也。』詳第一四八面。

五七七

建德六年

北齊幼主承光元年
陳宣帝太建九年

三月，周人來聘。是歲北周滅北齊

七、南朝與隋 文據隋書參考南北史及陳書

公元	南朝	北朝	事蹟
五八一	陳宣帝太建十三年	隋文帝開皇元年	四月，辛丑，陳散騎常侍韋鼎（太建八年曾聘周見表六），兼通直散騎常侍王瑳來聘于周，至而上已受禪，致之介國。（隋代周，封靜帝爲介國公。）十一月，丁卯，遣散騎侍郎鄭撝使于陳。（北史列傳第十四，許彥附許文經傳：『隋開皇初，侍御史兼通直散騎常侍聘陳使副。』）
	太建十四年	開皇二年	正月，戊辰，陳遣使請和，歸我胡墅。（北史卷十一，隋本紀上，開皇元年九月庚午：『陳將周羅睺攻陷胡墅。』又北史列傳第五十二，柳𧨏傳：『字匡仁，開皇初，授太子洗馬，陳使謝泉來聘，以才學見稱，詔𧨏接宴，時論稱其華辯。』謝泉之使未書，附見于此。）
五八三	陳後主至德元年	開皇三年	二月，癸酉，陳遣兼散騎常侍賀徹，兼通直散騎常侍蕭褒來聘。四月，辛卯，遣散騎常侍薛舒，兼通直散騎常侍王劭使于陳。（北史列傳第二十四，薛愷傳：『子舒嗣，官至禮部下大夫儀同大將軍聘陳使副。』是舒在周室，嘗爲副使。）

五月，乙巳，梁（即後梁）太子蕭琮來賀遷都。十一月，庚辰，陳遣散騎常侍周濆（隋書作墳），通直散騎常侍袁彥來聘。陳主知上之貌異世人，使副使彥畫像持去。十二月，乙卯，遣散騎常侍曹（北史作唐）令則，通直散騎常侍魏澹使于陳。（澹，聘梁使主魏季景（見表二大同十年）之子也（北史文苑，魏季景傳）。文苑潘徽傳：「隋遣魏澹聘于陳，陳遣徽接對之。」）

至德二年 開皇四年

十二月，壬戌，遣兼散騎常侍辥道衡，通直散騎常侍豆盧寔使于陳。

至德三年 開皇五年

七月，庚申，陳遣兼散騎常侍王話，兼通直散騎常侍阮卓來聘。九月，景子，遣兼散騎常侍李若，通直散騎常侍崔君贍使于陳。

至德四年 開皇六年

四月，乙亥，陳遣散騎常侍周磻，兼通直散騎常侍江椿來聘。八月，遣散騎常侍裴豪，兼通直散騎常侍劉

五八七	陳後主禎明元年	開皇七年	頵聘于陳。 二月，己巳，陳遣兼散騎常侍王亨，兼通直散騎常侍王眘來聘。 四月，甲戌，遣兼散騎常侍楊周，兼通直散騎常侍崔儦使于陳。 八日，庚申，梁王蕭琮來期。是歲，隋廢後梁。按西魏之立蕭詧為後梁，始于公元五五四年，中經蕭巋至蕭琮，凡三主，三十三載。巋之朝長安，周武命琵琶自彈之，巋乃起請舞。帝曰，王乃能為朕舞乎？巋曰：『陛下既親撫五絃，臣敢不下同百獸。』最為無恥。（北史列傳第八十一梁）
五八八	禎明二年	開皇八年	正月，乙亥，陳遣散騎常侍袁雅，兼通直散騎常侍周止水來聘。 三月，甲申，遣兼散騎常侍程尚賢，兼通直散騎常侍韋惲使于陳。戊寅，詔數陳之罪，大舉南征。 十月，辛酉，陳遣兼散騎常侍王琬，兼通直散騎常侍許善心來聘，拘留不遣。次年，隋滅陳。北史文苑許善心傳：『貞（應作禎）明二年，加通直散騎常侍聘隋，遇文帝伐陳，禮成而不獲反命。累表請辭，上不許，留縶賓館。及陳亡，上遣使告之，善心素服號哭于西階下，草藉東向，經三日。敕書唁焉

。明日，有詔就拜通直散騎常侍，賜衣一襲。善心哭盡哀，入館改服，復出北面立，垂涕再拜受詔。明日，乃朝服泣于殿下，悲不能興。上顧左右曰，我平陳國，唯獲此人。既能懷其舊君，即我誠臣也。」

附記：按北史列傳第三十五，崔珽傳：『子君信，涉獵書史，多諳雜藝，位兼通直散騎常侍聘陳使副。』又列傳第三十八，辛德源傳：『後爲員外散騎侍郎聘梁使副……後兼通直散騎常侍聘陳。』本紀既不著錄，本傳亦未繫年月，無從擬置，並附表末。

第三節　南北朝行人之格調

自曹魏創九品中正之制，于是士類階級有若鴻溝，勿得冒濫。朝廷依此官人，士夫以此論友，競尚門閥，扼夷寒流，五代之際，斯習不改。南則劉毅所謂『上品無寒門，下品無士族』，北如何妥所云『起家喉舌之任，白首郎署高流不為之官』晉世名家，身有國封者，起家多拜員外散騎常侍。（掌獻替。南史列傳第十，謝弘微傳。）晉安帝時，散騎常侍，選望甚重，與侍中不異。（南史列傳第十七：孔顗傳。）又秘書郎員，宋齊以來，為甲族起家之選。（南史列傳第四十六，張纘傳。），慨乎言之矣。大抵北人重質，慷慨悲歌之士為多，南人尚文，儒雅醞籍之輩稱盛。而江左承西晉緒韻，清談之氣習猶存，風流之種子未墜，高冑素望，上品甲族，誇競文采。及南北交聘，一旦受命出使或伴館主客，高流時譽，談論鋒起，莫不逞其才學，肆為辯博，炫己之言清理遠，幸人之理屈辭窮。時南北雙方莫不妙選行人，而北帝輒以為弗如也。

第一目　尚才辯

維時聘使往來，但重才地，尚風華，至于軍國重事，鮮有涉及焉。爰舉例以明之。

一、南史列傳第八，蕭琛傳：齊武帝永明九年，『魏始通好，琛再銜命北使見交聘表一永明九十年，還為通直散騎侍郎。時魏遣李彪來使彪六聘齊詳前表，齊武帝讌之。琛于御筵舉酒勸彪，彪不受。曰：「公庭無私禮，不容受勸。」琛答曰：詩所謂「雨我公田，遂及我私。」坐者皆悅，彪乃受琛酒。』

二、南史列傳第九，謝朓傳：

『隆昌（齊廢帝年號，其元年即明帝建武元年，公元四九四年。）初，敕朓接北使。朓自以口訥，啓讓，見許。』

三、南史列傳第十一，王融傳：永明九年。

『上以融才辯，使兼主客接魏使房景高，宋弁。（北史繫在太和十六年，即永明十年，且無房景高。見表一。）弁見融年少，問主客年幾？融曰，五十之年，久逾其半。景高又云，在北聞主客曲水詩序勝延年，實願一見。融乃示之。後日，宋弁于瑤池堂謂融曰，昔觀相如封禪，以知漢武之德；今覽王生詩序，用見齊王之盛。融曰，皇家聖明，豈直比蹤漢武；更慚鄙製，無以遠匹相如。上以魏所送馬不稱，使融問之。曰，秦西冀北，實爲駿驥，而魏之良馬，乃駑不若！將旦旦信誓，有時而爽；駉駉（詩魯頌：「駉駉牡馬」，傳，良馬，腹幹肥張也。）之牧，遂不能嗣？宋弁曰，當是不習土地。融曰，周穆馬迹徧于天下，若騏騮之性，因地而遷，則造父之策，有時而躓。弁曰，王主客何爲勤于千里？融曰，卿國既異其優劣，聊復相訪。若千里斯至，聖上舊駕鼓車（以車載鼓，天子之鹵簿也。）。弁曰，向意既須，必不能駕鼓車也。融曰，買死馬之骨，亦以郭隗之故。弁不能答。』

四、南史列傳第十三，王錫傳：

『普通初（梁武帝年號，其元年爲公元五二〇。），魏始連和，使劉善明來聘（魏梁書俱失載），敕中書舍人朱异接之。善明，彭城舊族，氣調甚高，負其才氣。酒酣謂异曰，南國辯學如中書者幾人？异曰：异所以得接賓宴，乃分職是司；若以才辯相尚，則不容見使。善明乃曰，王錫、張纘，北間所聞，云何可見？异具啓聞。敕卽使南苑設宴，錫與張纘，朱异四人而已。善明造席，遍論經史，兼以嘲謔，錫、纘隨方酬對，無所稽疑。善明甚相歎挹。它日謂异曰，一日見二賢，實副所期，不有君子安能爲國？引宴之日，敕使左右徐僧權于坐後，言則書之。』

按『纘與琅邪王錫齊名。普通初，魏使彭城人劉善明通和，求識纘與錫，纘時年二十三，善明見而嗟服。』（南史列傳第四十六，張纘傳。）又主客接使，事畢當錄呈酬應語辭，以觀得失，故敕使于坐後書之。（參考下十劉繪條。）

五、北史列傳第十六，陸俟附卬傳：

『自梁魏通知，歲有交聘，卬每兼官讌接。在席賦詩先成，雖未能盡工，以敏速見美。』又卬幼弟彥師傳：『每陳使至，必高選主客，彥師接對者，前後六輩。』

六、北史列傳第十九，高允附弟推傳：

『字仲讓，早有名譽。太武（北魏太武帝年號，公元四三五—四三九年。）中，以前後南使不稱，妙簡行人，游雅薦推應選。詔兼散騎常侍使宋，南人稱其才辯，卒于建業。』

按高推使宋（見表一），繫北史魏太武帝本紀太延四年，書作高雅。惟推讓二字，義相成；名推，且鴈行居次，因字仲讓。應從列傳作高推。若游雅字伯度，雅度二字，義亦相及。本紀所以誤書爲雅者，蓋涉列傳薦主游雅之誤。

七、南史列傳二十二，張融傳：永明中，

『使融接對北使李道固（李彪字），就席，道固顧而言曰，張融是宋彭城長史張暢子不？融嚬蹙久之，曰，先君不幸，名達六夷。』

江南人甚重家諱，彪問亦特失辭，故融不惜以夷狄啐之。

八、北史列傳第二十四，辥道衡傳：

『武平初北齊後主年號，公元五七〇—五七一年。，陳使傅縡來聘見表四太建三年，以道衡兼主客郎接待之。縡贈詩五十韻，道衡和之，南北稱美。魏收曰，傅縡所謂以蚓投魚耳。開皇四年，兼散騎常侍陳使主見表七。道衡因奏曰，陛下比隆三代，平一九州，豈容區區之陳，久在天網之外？臣之南使，請責以稱藩。帝曰，朕且含養，致之度外，勿以言辭相責。江東雅好篇什，陳主尤愛雕蟲，道衡每有所作，南人無不吟誦焉。』

九、北史列傳第二十六，裴駿傳：

『宋使明僧暠來聘魏文成皇帝和平三年見表一，以駿有才學，假給事中散騎常侍，于境上勞接。』又裴讓之傳：

『少好學，有文情，清明俊辨，早得聲譽。能賦詩，楊愔稱其風流警拔。梁使至，常令讓之攝主客郎。』

十、南史列傳二十九，劉繪傳：

『永明末，後魏使至，繪以辭辯被敕接使。事畢，當撰語辭。繪謂人曰，無論潤色未易，但得我語亦難矣。』

十一、北史列傳第三十，劉芳附孫劉隲傳：

『有風氣，頗涉文史。時與梁和通，隮前後受敕對其使一十六人。』按劉芳，彭城人，漢楚元王交之後，其先于宋世涉劉義宣之事，徙居青州，北魏有齊，遂爲北魏人。太和九年，兼主客接齊使彭城劉纘（見表一注），頻使西梁、陳、及北周之劉逖（見表六注），即其裔也。

十二、北史列傳第三十一，李諧傳：

『字虔和，幼有風采，文辯爲時所稱。天平東魏孝靜帝年號末，欲與梁和好，朝議將以崔㥄爲使主。㥄曰，文采與識，㥄不推李諧；口頰顧顧，諧乃大勝。于是以諧兼常侍，盧元明兼吏部郎，李業興兼通直常侍聘焉見表二天平四年。梁武帝使朱异覘客，异言諧、元明之美。諧等見。及出，梁武目送之。謂左右曰，今日遇勍敵！卿輩常言北間都無人物，此等從何處來？謂异曰，過卿所談。是時鄴下言風流者，以諧及隴西李神儁，范陽盧元明，北海王元景名昕，弘農楊遵彥名愔，清河崔贍爲首。初通梁，妙簡行人，神儁位已高，故諧等五人指盧元明、王昕、楊愔、崔贍。繼踵，而遵彥遇疾道還本傳稱其『兼散騎常侍，爲聘梁使主、至碻磝州，內有愔家舊佛精廬，拜見太傅容像，悲感痛哭，歐血數升。遂發病，不成行，輿疾還鄴。』，竟不行。既南北通好，務以俊乂相矜，銜命接客，必盡一時之選，無才地者，不得與焉。梁使每入，鄴下爲之傾動，貴勝子弟，盛飾聚觀，禮贈優渥，館門成市。宴日，齊文襄使左右覘之，賓司一言制勝，文襄爲之拊掌。魏使至梁，亦如梁使至魏。梁武帝親與談說，甚相愛重。』

按左傳成十三年三月，『公如京師，宣伯叔孫僑如欲賜，請先行，王簡王以行人之禮禮焉。孟獻子從，王以爲介副使而重賄之。』參閱二十六面襄二十年冬，『季武子如宋，宋人重賄之。』參閱十一面『禮贈優渥』，深契古禮，『館門成市』，想見風流！

十三、南史列傳第三十九，庾杲之傳：

『杲之嘗兼主客郎對魏使。使問杲之曰，百姓那得家家題門帖賣宅？答曰，朝廷既欲掃蕩京洛，剋復神州，所以家家賣宅耳。魏使縮鼻而不答。』

按杲之爲主客郎在齊武帝時，北魏爲孝文帝，國力鼎盛，正經始洛都，時有侵軼。『掃蕩京洛，剋復神州』，辭雖敏辯，特自壯之大言，是以魏使嗤之以鼻也。

十四、南史列傳第四十，明僧紹弟僧暠傳：

『僧暠亦好學，宋大明（孝武年號，公元四五七—四六四年。）中，再使魏（見表一大明六年），于時新誅司空劉誕。孝武謂曰，若問廣陵（即劉誕，文帝第六子也。位司空南兗州刺史竟陵王，有罪免爵，誕不受命，據廣陵反。事在大明三年。）之事，何以答之？對曰，周之管蔡，漢之淮南。帝大悅。及至魏，魏問曰，卿銜此命，當緣上國無相踰者邪？答曰，聰明特達，舉袂成帷；比屋之甿，又無下僕。晏子所謂『看國善惡』，故再辱此庭。』

按古者行人出使，受命不受辭。孝武設問，徒見其內慚文帝耳。

十五、南史列傳第四十，范岫傳：

『永明中，魏使至，詔妙選朝士有辭辯者接使于界首，故以岫兼淮陰長史迎焉。』

十六、北史列傳第四十一，皮景和傳：

『少通敏趫捷，有武用。周通好後，常令景和對接。每與同射，百發百中，甚見推重。』又綦連猛傳：

『梁使來聘，云求角武藝。文襄遣猛就館接之。雙帶兩鞬，左右馳射。校挽強弓，梁人引弓兩張，皆三石。猛遂併取四張，疊挽之，過度，梁人嗟服。』又元景安傳：

『景安閑馳騁，有容則，每梁使至，恒與斛律光、皮景和等，對客馳射，見者稱善。』

按古者文武合一，六藝不遺射御，對客校射，亦君子之爭也歟？

十七、南史列傳第四十七，范雲傳：

『永明十年，使魏（見表一），魏使李彪宣命至雲所，甚見稱美。彪爲設甘蔗黃甘粽，隨盡，絕益。彪笑謂曰，范散騎小復儉之，一盡不可復得！』又范縝傳：

『蕭琛名曰口辯。永明中，與魏和親，簡才學之士以爲行人。縝及從弟雲、蕭琛、琅邪顏幼明，河東裴昭明相繼將命（俱見表一），皆著名鄰國。』縝子胥，『字長才，傳父業，位國子博士，有口辯。大同中，常兼主客郎，應接北使。』

十八、北史列傳第五十二，柳謇之傳：

『朝廷以謇之雅望，善談謔，又飲酒至一石不亂。由是每陳使至，輒令接待。』

十九、南史列傳第五十二，徐陵傳：

『太清二年，兼通直散騎常侍使魏（見表二），魏人授館宴賓。是日，熱甚。其主客魏收嘲陵曰，今日之熱，當由徐常侍來。陵即答曰，昔王肅至此（以父奐及兄弟並爲齊武帝所殺，太和十七年，自建鄴奔魏。），爲魏始制禮儀；今我來聘，使卿復知寒暑。收大慚。齊文襄爲相，以收失言，囚之累日。』

魏收年少才華，熏灼于時。魏孝武時，典起居注幷脩國史。文誥塡積，事皆稱旨，以爲七步之才，無以過之。以應對失辭，遽遭禁止東魏北齊對朝士有禁止于御史臺之罰，似囚非囚。詳後。，「辭之不可以已也」，有如是夫！

二十、南史列傳第五十九，姚察傳：

『太建初，補宣明殿學士，尋爲通直散騎常侍報聘于周見表五太建四年。江左耆舊先在關右者，咸相傾慕。沛國劉臻，竊于公館訪漢書疑事十餘條，並爲剖析，皆有經據。臻謂所親曰，名下定無虛士。』

上舉二十例，皆以才地辭辯入選。占對失辭，災逮夫身！

第二目　好貨殖

時南北和戰無常，邦交之續斷亦無常，行旅往來，交易懋遷，時或阻梗，兩地物產，胥成難得之貨。及關河對峙，西貨亦爲珍品。受命聘使者，遂視爲美差，商賈要貴，競求遣人隨行，肆爲市易，冀免關譏而獲暴利，亦猶抗戰時之走私與所謂『跑單幫』也。

一、北史列傳第十二，王昕（卽王元景）傳：

『元象元年元象元年，兩聘使鄭伯猷，陸操已著錄(見表二)，當從本紀作興和元年。，兼散騎常侍聘梁見表二，興和元年，魏收爲副，並爲朝廷應作梁朝。魏收傳：「昕風流文辯，收辭藻富逸，梁主及其羣臣，咸加敬異。」是其證。所重。使還，高隆之官尚書右僕射求貨，不得；諷憲臺劾昕、收在江東大將商人市易。並坐禁止。』猶今禁閉古者行人之聘，入境有勞（北史列傳第三十五，祖珽傳：『會南使入聘，爲申勞使。』），及其返命，莅館受幣（北史列傳第十七，蕭撝（梁武帝弟子，後入魏。）傳：『魏遣李諧盧元明使梁，梁武帝以撝辭令可觀，令兼中書侍郎，受幣于賓館。』）。游明根之使宋（宋孝武帝大明年間凡三使，見表一。），『宋孝武稱其長者，迎送禮加常使。』（北史列傳第二十二，游明根傳。）于以知南北朝時代雖干戈擾攘，而于行人之申勞、伴館、受幣，動合古誼。至若使人返國，達官向之求貨，則將商人市易貨殖之結果也。

二、北史列傳第十二，封懿附封孝琰傳：

『孝琰字士光，少修飭學尚，有風儀，位秘書丞散騎常侍聘陳使主（天嘉三年見表四），在道遙授中書侍郎。還，坐受魏收囑，牒其客從行。事發，付南都獄決鞭三百，除名。』

『門客從行』，所事唯市易圖利耳。

三、北史列傳第二十，崔暹傳：

『梁魏通和，要貴皆遺（應作遣）人隨聘使交易，暹唯寄求佛經。梁武帝聞之，繕寫，以幡花寶蓋贊唄送至館焉。』

崔暹爲東魏名御史中尉。文宣（高洋）嘗謂羣臣，『崔暹清正，天下無雙。』（本傳語）蕭衍老兒，洵解人哉！

四、北史列傳第二十一，李繪傳：

『武定（東魏孝靜帝年號，公元五四三—五四九年。）初，兼散騎常侍爲聘梁使主（見表二注）。梁主問高相今在何處？黑獺（宇文泰小字）若爲形容，高相作何經略？繪敷對明辯，梁武稱佳。與梁人泛言氏族。袁狎曰，未若我本出自黃帝，姓在十四人之限。繪曰，兄所出雖遠，當共車千秋分一字耳。一坐皆笑。前後行人，皆通啓求市，繪獨守淸尙。』（車千秋，漢武帝時丞相，黃帝名軒轅，故繪言袁狎「當共車千秋分一字耳」。）

五、北史列傳第二十一，李孝伯附安世傳：

『天安（北魏獻文帝年號，其元年爲公元四六六年。）初，累遷主客令。齊使劉纘朝貢（自大之辭。孝文太和九年，齊武帝永明三年，見表一。），安世奉詔勞之。安世美容貌，善舉止。時每江南使至，多出內藏珍物，令都下富室好容服者貨之，令使任情交易。使至金玉肆問價。纘曰，北方金玉大賤，當是山川所出？安世曰，聖朝不貴金玉，所以同于瓦礫。又皇上德通神明，山不愛寶，故川無金，山無玉。纘初將大市，得安世言，慚而罷。』是不微行人『通啓求市』，北朝宮庭且『多出內藏珍物』，冒『富室好容服者貨之』，能不謂之『上下交征利』乎？

六、北史列傳第四十四，魏收傳：

『尋而神武南上，帝西入關，收兼通直散騎常侍副王昕聘梁（梁武大同五年見表一）。昕風流文辯，收辭藻富逸，梁主及其羣臣，咸加敬異。時南北初和，李諧、盧元明首通使命（大同二年見表二），二人才器，並爲鄰國所重。至此，梁主稱曰，盧、李命世，王、魏中興，未知後來，復何如耳？收在館，遂買吳婢入館，其部下有買婢者，收亦喚取，遍行姧穢。梁朝館司，皆爲之獲罪，人稱其才而鄙其行。在途作聘游賦，辭甚美盛。使還，尙書右僕射高隆之求南貨于昕、收，不能如志，遂諷御史中尉高仲密禁止昕、收于其臺，久之，得釋。』

魏收性喜漁色，『在京洛輕薄尤甚』，高澄嘗斥其『恃才無宜適』（上引俱見魏收傳）。此行市易之外，更略誘

女口，恣為奸穢，一如其所作魏書，人稱穢史然。禁止之動機雖云非正，實不足以蔽其辜也。（參考魏收傳）

第三目　南北朝行人為世業

南北朝行人之選，既重門第，兼尚風華，浸暇遂為甲族世業，寒素之士，罕得與焉。要而言之，清河博陵之崔，太原之王，范陽之盧，趙郡之李，滎陽之鄭，杜陵之杜，北地之望也。有一人六次甚至八次奉使者（趙郡李彪六聘齊，京兆杜杲八聘陳），有一姓而仍世銜命者。（河西宋愔，宋弁祖孫也；廣平游雅，游明根從祖兄弟也；一門四使，則滎陽鄭羲、鄭伯猷、鄭詡、鄭譯，清河崔子侃、崔贍、崔儦、博陵、崔子樞；一門五使，則范陽盧玄、盧度世、盧昶、盧元明、盧愷；一門六使，則河間邢穎、邢祐、邢產、邢巒、邢昕、邢亢；而趙郡李獎、李諧、李渾、李繪、李緯、李湛、李騫、李少道、李騊駼、李同軌、李翥、李孝貞，凡十有二使，李順以尚書使沮渠不與焉。）此梁武帝所以語李渾，『伯陽之後，久而彌盛；趙李人物，今實居多』也。洵美矣哉！

至若南朝使人，亦莫不才為類出，地擅時望，如劉纘（再使）、王錫、張暢張融父子、蕭琛（再使）、裴昭明（三使）、顏幼明，以及徐陵（再使）、范雲、庾信（再使）之儔，皆見重江左，傾動鄰邦，亦幾乎職業外交家矣。梁武帝父子，雅長文學，帝尤精內典，一時文物，江東為盛，魏帝嘗誡行人，梁氏老兒為不易與。方梁之盛，曹景宗大捷鍾離（天監五年公元五〇六年），魏中山王英僅以身免；再十三年，納元顥入洛帝魏，駸駸有混一寰宇之勢。其強弱異勢，戒心則同。故『妙簡行人』一語，南北紀傳，並不絕書，蓋欲爭勝樽俎，免興兵戎，于是逞辯鬥舌，遂成南北行人之特殊格調。

第四節　杜杲八聘陳

南北朝時代之行人，除賻弔會葬外，皆泛使無具體使命，美才碩學，徒爲口辯之資耳。唯一例外，厥爲杜杲之使陳。八次將命，任務分明。北史列傳第五十八，杜杲傳：

『字子暉，京兆杜陵人也。入爲司會上士。初陳文帝弟安成王頊即宣帝爲質于梁，及江陵平西魏恭帝元年公元五五四年，頊隨例遷長安，陳人請之，周文帝許而未遣。至是（武）帝欲歸之，命杲使焉此初使之任務也。陳文帝大悅，卽遣使報聘即周弘正參考表五注，並賂黔中數州地，仍請劃野分疆，永敦鄰好。以杲奉使稱旨，進授都督，行小御伯，更往分界此二使之任務也，陳于是歸魯山郡。帝乃拜頊柱國大將軍，詔杲送之還國此三使之任務也。陳文帝謂杲曰，家弟今蒙禮遣，實是周朝之惠；然不還魯山，恐亦未能及此！杲答曰，安成之在關中，乃咸陽一布衣耳。然是陳之介弟；其價豈止一城？本朝親睦九族，恕己及物，上遵太祖指周文帝宇文泰遺旨，下思繼好之義，所以發德音者，蓋爲此也。若知止侔魯山，固當不貪一鎭。況魯山，梁指後梁蕭詧之舊地，梁卽本朝藩臣，若以始末言之，魯山自合歸國按魯山在豫鄂邊境，似與原議『賂黔中數州地』有出入。。云以尋常之地，易己骨肉之親，使臣猶謂不可，何以聞諸朝廷？陳文帝慙恧，久之乃曰，前言戲之耳。自是接遇有加常禮。及還，引升殿，親降御座，執手以別。朝廷嘉之，授大都督小載師下大夫，行小納言，復聘于陳此四使也。安成已還，魯山已割，『崇鄰好，申盟約』而已。。及華皎來附華皎，陳湘州刺史。事在周武帝天和二年，陳廢帝光大元年，公元五六七年。詳南史列傳第十四華皎，北史列傳第四十九權景宣，第五十七元定，及第八十一蕭歸傳。，詔令衛公直周武母弟，都督元定等援之，定等幷沒。自是連兵不息，東南擾動。武帝授杲御正中大夫使陳，論保境息人之意。此五使之任務也陳宣帝遣其黃門侍郎徐陵謂杲曰，兩國通好，彼朝受我叛人指華皎，何也？杲曰，陳主昔在本朝，非慕義而至隱指華皎附周爲慕義，主上授以柱國，位極人臣，子女玉帛，備禮將送；今主社稷，孰謂非恩？郝烈之徒，邊人狂狡，曾未報德，而先納之；今受華氏，正是相報。過自彼始，豈在本朝！陵曰，彼納華皎，志圖吞噬，此納郝烈，容之而已。且華皎方州列將，竊邑叛亡，郝烈一百許戶，脫身逃竄，大小有異，豈可同年而語乎？杲曰，大小雖殊，受降一也，若論先後，本朝無失。陵曰，周朝送主上還國，既以為恩，衛公共元定度江，孰云非怨？計恩與怨，亦足相埒。杲曰，元定等軍敗身囚，其怨已滅，陳主負扆馮玉，其恩猶在。且怨由彼國，恩起本朝，以怨酬恩，未之聞也。陵笑而不答。杲因陳和通之便。陵具以聞，陳宣許之，遂遣使來聘。

『建德（北周武帝年號，其元年為陳宣帝太建四年，公元五七二年。）初，授司城中大夫，仍使于陳。陳宣帝謂杲曰，長湖公（元定在周改封長湖郡公（元定傳））軍人等，雖築館處之，然恐不能無北風之戀；王褒、庾信之徒（參考列傳第七十一文苑傳），既羈旅關中，亦當有南枝之思耳。杲揣陳宣意，欲以元定軍將易王褒等，乃答之曰，長湖總戎失律，臨難苟免，既不死節，安用此為？是猶牛之一毛，何能損益！本朝之議，初未及此。陳宣帝乃止。及杲還，至石頭，又遣謂之曰，若合從共圖齊氏（此六使之任務也），能以樊鄧見與，方可表信。杲曰，合從圖齊，豈唯敝邑之利；必須城鎮，宜待得之于齊。先索漢南，使臣不敢聞命！還除司倉中大夫，又使于陳（此七使也）。杲有辭辯，閑于占對，前後將命，陳人不能屈，陳宣帝甚敬異之。時元定已卒，乃禮送開府賀拔華及定棺柩，杲受之以歸。（北史列傳第五十二，韋孝寬附沖傳：「從大將元定度江伐陳（即援華皎之役），為陳人所虜，周武帝以幣贖還之。帝復命沖以馬千匹使陳，贖開府賀拔華等五十人，及定之柩而還。沖有辭辯，奉使稱旨。」）大象元年，徵拜御正中大夫，復使陳。』（此八使也，見表五末。）

按陳宣帝太建三年夏四月，『遣使（于齊）連和謀伐周，朝議不許』見表三，玆又與周使謀合從圖齊悅雙方語氣，周爲主謀。，且先索樊鄧，以爲表信，頓涉想宋海上盟金傾遼，求燕雲十六州地，蓋師陳宣帝之故智也。據北史列傳第六十五鮑宏傳：

『字潤身，江陵平，歸于周。明帝甚禮之，累遷遂伯下大夫，與杜子暉聘陳，謀伐齊。遂出兵度江以侵齊。』此太建五年，吳明徹獲斬王琳拓定淮肥之役也。參考陳本紀第五宣帝紀，及列傳第三吳明徹傳。

鮑宏副杲，當在杲之七次使陳。杲六使陳時，雖峻拒索地，顧周自武帝親政，誅總宰護，『志在平齊』見韋孝寬傳，故鮑宏副杜杲七次之聘，即以連和謀齊爲使命，且屨及劒及，『遂出兵度江以侵齊』也。及韋孝寬上平齊三策，亦有『兼與陳共爲犄角』一策，『宜與陳人，分其兵勢』二策，『還崇鄰好，申其盟約意指連陳，安人和衆，通商惠工，蓄銳養威，觀釁而動』三策之語。故合從圖齊，已爲周陳二國之廟算，而成于杜杲、鮑宏。迨周武既定并、晉，旋復下鄴，竟平齊之功太建九年，陳之不能有漢南，一如宋之不能有幽燕；隋繼周而併陳，亦正如元滅金而天下一統焉。噫！

Book Reviews

A STUDY OF THE DIPLOMATIC AGENT IN CHINESE HISTORY

(Chung Kuo Li Tai Shing Jen Kao)

Huang Pao-shih. Published by the Chung Hua Book Co., Taipei, 1955. 192pp.

黄寶實著：中國歷代行人考

Of late there have appeared several serious studies on the subject of diplomatic agents. Not only in the Republic of China, but also in the United Kingdom and in the United States, students have revived their interent in reevaluating the functions, training, treatment, privileges and conduct of diplomatic agents. Harold Nicolson's *The Evolution of Diplomatic Method* which was the Chichele Lectures delivered at the University of Oxford in November, 1953, was published by Constable & Co., London in 1954. In not quite a 100 pages, Sir Harold traced the history of diplomatic practice and procedure from ancient Greece to the present day. The comparisons of the diplomatic methods used in different stages of history are at once illuminating and instructive. George F. Kennan, former U.S. Ambassador to Soviet Russia, contributed an article entitled *The Future of our Professional Diplomacy* to the July, 1955 issue of the *Foreign Affairs*. Mr. Kennan discussed various questions in connection with the recruitment, treatment, training and conduct of the American career foreign service personnel.

Mr. Huang Pao-shih's contribution is to the historical aspect of the subject in relation to China. The period is limited to ancient China. He began with the Spring and Autumn Period and ended with that of the Three Kingdoms. My English translation of the title of Mr. Huang's book deviates slightly from the original wording because it seems to be more descriptive of the contents of the book to avoid translating literally the Chinese words *Li Tai* (various dynasties).

Mr. Huang paid special attention to the training and culture of diplomatic agents. In the culture of diplomatic agents in ancient China, the two subjects of odes and rites were of paramount importance. On state visits and even in negotiations, the dignity of the plenipotentiaries required that they use no vernacular. Instead, they sang odes to each other. The verses used must be appropriate and the singer's political intentions must allow of no misinterpretation. The high quality of the diplomatic agents was proved by the fact that they could cite the correct verses of odes on given occasions or respond to metrical propositions of their opposite numbers in suitable poetry. The study of rites was required of all scholars and officials in ancient times, but, in the case of diplomatic agents, the study was even more elaborate and refined. Compared to the details of the rites in ancient China, modern protocol appears to be elementary and simple in nature.

The conduct of diplomatic agents in ancient China stressed the two cardinal virtues of good faith and loyalty to one's monarch. The author cited instances of the success of diplomatic agents who abided in good faith and the failure of others who failed to observe their pledged words. Loyalty to one's monarch was of equal importance. In that period of history, immunity of the diplomatic agent's person had not developed to what it is today. Mr. Huang narrated the case of one Chieh Yang who was condemned to death by the court to whom he was accredited. As he was able to demonstrate that he was not loath to die for the glory of his monarch, he was finally released to return to his own country.

These criteria of conduct of the diplomatic agents seemed to have remained true in later times in Europe. Francois de Callieres, the envoy of Louis XIV in the Netherlands, Germany and Poland, writing in 1716 in his *De La Maniere de negocier avec les Souverains*, said.

> "A diplomat should remember that open dealing is the basis of confidence; he should share freely with others everything except what it is his duty to conceal ..... A goad negotiator will never rely for the success of his mission either on bad faith or on promises that he cannot execute. It is a fundamental errer, and one widely held, that a clever negotiator must be a master of deceit. Deceit is indeed the measure of the smallness of mind of him who uses it; it proves that he does not possess sufficient intelligence to achieve results

by just and reasonable means. Honesty is here and everywhere the best policy."

Discussing the desirability of a diplomatic agent to be a specialist or a genefalist, Mr. Kennan regrets he tendency to consider the "human personality behind each of" the specialized skills as of secondary importance. This principle of specialized skills, Mr. Kennan maintained, "may be applicable for construction work, for industrial processes, and for many military functions. But it is not likely to be useful for the work of the Foreign Service, where what is important and decisive in ninety-nine cases out of a hundred is the totality of the man himself: his character, his judgment, his insight, his knowledge of the world, his integrity, his adaptability, his capacity of huma sympathy and understanding. With these things, all specialtie will flower and bear fruit; without them, no specialty will really help."

From the requirements of the Period of Spring and Autumn in ncient China through the age of Louis XIV to the contemporary world, the diplomatic agent has travelled a long way. To meet the requirements laid down by Mr. George F. Kennan is to fulfill a very large order.

·After discussing general conditions in Chapter I, Mr. Huang devoted a chapter each to the diplomatic agents of the Spring and Autumn Period, the Warring State Period, the two Han dynasties and the Three Kingdo s Period. The author has not exhausted the subject. The case of Fu-lung on pp. 168-9 is questionable as a case of a diplomatic agent. To qualify as such, one must be representing a state delegated to do some business with another state. Where there was chaos, t ehstatus of one of the parties became questionable. Prudence would suggest the sacrifice of this fine story.

The book is very skillfully done typographically. Quotations, notes and the author's comments are all clearly delineated. While the proof eading has been well above the average of recently published books in Chinese, misprints can still be found. The author is a member of the Control Yuan, representing the Province of Hupeh.

Another member of the Control Yuan, Mr. Hsiao Yi-shan, repr senting the Province of Kiangsu, contributed an introduction. One is little impressed with the sweeping statments of Mr. Hsiao. To cite one sample: "Diplomatic agents of later ages, while they did not all come up from being interpreters, the clumsiness of their techniques and the shallowness of their knowledge made them little distinguishable from interpreters...They know only the social amenities, they have little skill at negotiations. I am not mentioning such requirements as thorough knowledge of national conditions, constant study of the political development of various countries, ability to gauge the tendency of domestic change and to predict the course of action of enemies, thereby setting up the fundamental policy of the nation and devising the ways and means of carrying them out." Mr. Hsiao said a mouthful of brave things.

Chao-ying Shih

中華史地叢書

中國歷代行人考（增訂本）

作　　者／黃寶實　著
主　　編／劉郁君
美術編輯／鍾　玟

出 版 者／中華書局
發 行 人／張敏君
副總經理／陳又齊
行銷經理／王新君
地　　址／11494 臺北市內湖區舊宗路二段181巷8號5樓
客服專線／02-8797-8396　　傳　真／02-8797-8909
網　　址／www.chunghwabook.com.tw
匯款帳號／兆豐國際商業銀行　東內湖分行
　　　　　067-09-036932　中華書局股份有限公司

法律顧問／安侯法律事務所
製版印刷／維中科技有限公司　海瑞印刷品有限公司
出版日期／2017年3月增訂二版
版本備註／據1969年6月增訂一版復刻重製
定　　價／NTD 360

國家圖書館出版品預行編目（CIP）資料

中國歷代行人考 / 黃寶實著. — 增訂二版. —
臺北市 : 中華書局, 2017.03
面 ; 公分. — (中華史地叢書)
ISBN 978-986-94064-0-6(平裝)

1.外交史 2.中國

641.11　　105022664

NO.G2002-1
ISBN 978-986-94064-0-6（平裝）